Martinus Gückel

Heinrich Braun und die bayerischen Schulen von 1770-1781

Martinus Gückel

Heinrich Braun und die bayerischen Schulen von 1770-1781

ISBN/EAN: 9783743323339

Hergestellt in Europa, USA, Kanada, Australien, Japan

Cover: Foto ©Andreas Hilbeck / pixelio.de

Manufactured and distributed by brebook publishing software (www.brebook.com)

Martinus Gückel

Heinrich Braun und die bayerischen Schulen von 1770-1781

Heinrich Braun

und die

Bayerischen Schulen

von

1770—1781.

Dissertatio Inauguralis
Quam
Ad Summos In Philosophia Honores
Ab Amplissimo
Philosophorum Ordine Erlangensi
Rite Impetrandos
Scripsit
Martinus Glückel.

Monachii
Typos curavit H. Kutzner
MDCCCXCI.

Heinrich Braun und die bayerischen Schulen
von 1770—1781.

Im Laufe der ersten Hälfte des vorigen Jahrhunderts brach für das protestantische Deutschland eine neue Ära geistigen Aufschwungs an. Die Pflege von Kunst und Wissenschaft gewann dort in dieser Zeit erfreuliche Aufnahme, und die Literatur fing allmählich an, sich selbständig zu gestalten. Zugleich wurde in den höheren Schulen ein energischer Betrieb der deutschen Sprache und der Realien angebahnt, die Mathematik und die Naturwissenschaften in den Kreis des Wissens gezogen, ebenso für Belehrung und Aufklärung der weitesten Kreise gesorgt.

Diese neue Richtung sollte auch bald auf Bayern, unser damals geistig tief darniederliegendes Vaterland, heilsamen Einfluss dadurch ausüben, dafs sie die festen Schranken, welche die Jesuiten gegen jede ihrem System entgegengesetzte geistige Regung aufgerichtet hatten, durchbrach und denselben das fast zweihundert Jahre innegehabte Wissenschafts- und Unterrichtsmonopol nahm und dann eine rege geistige Thätigkeit hervorrief.

Der Kurfürst Max Joseph III. war es, der den neuen Ideen der Aufklärung den Weg in unserem Vaterland bahnte, ein freieres und frischeres geistiges Leben ermöglichte und dem Volke eine bessere Erziehung gab. Seine erste diesbezügliche That war die Berufung seines ehemaligen Lehrers, des feingebildeten Freiherrn von Ickstatt als Direktor und Professor an die Universität Ingolstadt, die damals geleitet von Jesuiten schon lange nicht mehr auf der Höhe der Zeit stand. Ickstatt verstand es einerseits durch Mut und Ausdauer die Macht der Jesuiten allmählich zu brechen und anderseits einen ansehnlichen Schülerkreis um sich zu scharen, der für die Ausbreitung der neuen Anschauungen sorgte.

Die bedeutendsten unter diesen waren L o r i und L i n n b r u n. Ihre Verdienste um unser Vaterland sind hinreichend bekannt. Mit Stolz nennen wir sie die Gründer der für Bayern so vorteilhaft wirkenden Akademie der Wissenschaften, die in München am 28. März 1759 ins Leben gerufen wurde.

Die Pflege der Wissenschaften und der freien Forschung war natürlich die Hauptaufgabe der neuen gelehrten Gesellschaft. Daneben aber hatte sie noch einen zweiten nicht minder wichtigen Zweck im Auge, nämlich die Förderung der Volksbildung.

Da aber die Akademie nur durch Popularisierung der Wissenschaften und durch Verbreitung nützlicher Kenntnisse diese ihre Aufgabe erfüllen konnte, so mufste sie vor allem darauf bedacht sein, dem Volke, das noch immer an den Eigenheiten der Mundart seines Gaues festhielt, dem es somit an einem allgemeinen Verständigungsmittel fehlte, allmählich zur Kenntnis und zum Gebrauch der hochdeutschen Sprache zu verhelfen.

Um nun den Sinn und Geschmack für die deutsche Sprache zu wecken, veröffentlichten regsame Akademiker in periodischen Zeitschriften gemeinnützige Arbeiten und gute Muster der deutschen Literatur, oder hielten von Zeit zu Zeit Vorträge aus dem Gebiete der Naturlehre und der deutschen Sprache.

Schon dachte man auch an die Abfassung einer deutschen Grammatik, aber vor Ausführung dieses Gedankens trat ein anderes für die Hebung der deutschen Sprache ganz besonders wichtiges Ereignis ein, nämlich die Berufung H e i n r i c h B r a u n s als akademischer Lehrer der deutschen Sprach-, Dicht- und Redekunst.

Heinrich Brauns Reformthätigkeit.

A. Sein patriotisches Bemühen um die Hebung der
deutschen Sprache.

Heinrich Braun,*) am 17. März 1732 zu Trostberg**) an der Alz, einem Markte Oberbayerns, geboren, war der Sohn einfacher Bäckersleute. Sein Vater hatte bei der Geburt seines Spröfslings bereits das 60. Lebensjahr überschritten. Der Mutter, die damals ungefähr 22 Jahre zählte, lag zumeist die Leitung und Erziehung ihres Lieblings ob, unter deren sorgsamer Pflege der schwächliche Knabe bis zu seinem 12. Lebensjahre stand. Da sein Vater im Jahre 1744 starb, sah sich seine Mutter der Geschäftsleitung halber genötigt, wieder zu heiraten.

Der Stiefvater übergab nun seinen Sohn, weil derselbe zur Erlernung des väterlichen Geschäftes keine Lust zeigte, aber sonst gute Anlagen bekundete, einem Anverwandten, dem Pfarrer von Tittmoning, um ihn für die Aufnahme in die Lateinschule vorbereiten zu lassen. Der geistliche Herr gewann den munteren und aufgeweckten Knaben sehr lieb; er pflegte von ihm zu sagen: „Dieser Knabe erwächst entweder zu einem äufserst boshaften oder äufserst wohlthätigen grofsen Mann." Bald hatte Braun solche Fortschritte erzielt, dafs er die Schulen der um die Pflege der klassischen Literatur eifrig bestrebten Benediktiner in Salzburg besuchen konnte. Auch hier wurde er wegen seiner vorzüglichen Begabung und glänzenden Erfolge der Liebling seiner Lehrer, die ihn, nachdem er die unteren Klassen absolviert hatte, bewogen, bei ihnen noch Philosophie zu hören.

---

*) Für die Kenntnis der äufseren Lebensverhältnisse Brauns stehen wenige Quellen zu Gebote. Die von Westenrieder gesammelten und in der bayer. Akademie aufbewahrten Briefe bieten gar keine Ausbeute. Nicht viel besser sind die Archive in dieser Hinsicht bestellt; nur von den letzten Jahren seiner Wirksamkeit als Mitglied des Geistlichen Rats finden sich im K. Kreisarchiv einige Akten. Man ist daher lediglich auf seine eigenen Werke, sowie auf die seiner Zeitgenossen angewiesen. Unter letzteren verdient einer besonderen Berücksichtigung die dem bayer. Schuldirektor Bucher fälschlich zugeschriebene Schrift: „Beiträge zu einer Schul- und Erziehungsgeschichte in Bayern". Ferner hat uns Westenrieder in dem 5. Bd. seines Werkes: „Beiträge zur vater-

Nach Beendigung des philosophischen Kurses widmete er ein weiteres Jahr dem Studium der geistlichen Rechte und begab sich, zum Magister der freien Künste ernannt, (1750) 18 Jahre alt, in das damals hochberühmte Kloster Tegernsee, um sich in den Orden der Benediktiner aufnehmen zu lassen. Die Oberen schickten ihn nach dem Noviziat (1751) behufs Vorbereitung für die Theologie in das Kloster Rott. Seine Lehrjahre fanden hier im Jahre 1756 einen Abschlufs, der durch eine glänzende öffentliche Verteidigung von Thesen ex universa theologia verherrlicht wurde.

Sein Prälat ernannte ihn zum Lehrer der Dichtkunst am Gymnasium zu Freising, von dem er nach vierjähriger Thätigkeit (1756—1760) nach Tegernsee zurückberufen wurde. Hier übertrug man ihm eine Professur für die Theologie und zugleich die Aufsicht über die sehr ansehnliche Bibliothek.

Hatte Braun schon als Professor in Freising die Dichter der Griechen und Römer liebgewonnen, so widmete er sich denselben noch eifriger in der Klosterzelle. Jedoch beschränkte er sich nicht allein darauf, eine Summe von Gelehrsamkeit in sich aufzunehmen, ihm war es vielmehr darum zu thun, seine Kenntnisse zum Nutzen seiner Mitwelt zu verwerten. Schon in Freising zeigte

---

ländischen Historie, Geographie etc." S. 416 eine äufserst knappe Biographie überliefert. Mehrere Notizen über Brauns Lebensgang finden sich auch in dem von Peter Paul Finauer, einem bedeutenden Mitglied der kurbayerischen Akademie, herausgegebenen Werke „Magazin für die neueste Literatur etc." S. 296, sowie in Baaders Schriftstellerlexikon, das auch den Titel „Das gelehrte Bayern" trägt. Am wichtigsten aber ist für uns ein von einem ehemaligen Zögling (Burgholzer) des alten Münchener Gymnasiums herausgegebenes Büchlein: „Heinrich Brauns Theaterleben und Schriften".

In dem Katalog des alten Gymnasiums vom Jahre 1779 fand ich diesen Burgholzer unter den Lyceisten aufgeführt. Da es interessant ist, das Urteil der Lehrer über dessen Fleifs, Fähigkeiten und Leistungen kennen zu lernen, so will ich seine Zensuren aus dem Verzeichnis mitteilen. Ingenium: capacissimum. Diligentia: indefessa. Mores: notae primae. Fortgangsnoten sind keine eingetragen, da Burgholzer vor dem Schlufsexamen die Anstalt verliefs. Ante Examen finale cum testimoniis discessit.

Wichtig nennen wir das Werkchen nur deshalb, weil es uns eine Reihe weiterer Aufschlüsse über Brauns Lebensgang gibt. Das ist aber das einzige Verdienst Burgholzers. Auf den Namen eines Biographen Brauns kann er keinen Anspruch machen; was er über das Leben Brauns mitteilt, hat er so skizzenhaft aneinander gereiht, dafs sich kein klares Lebensbild des Schulreformators ergibt. Noch mangelhafter ist die Schilderung Brauns literarischer Thätigkeit. Burgholzer hat sich hier einfach damit begnügt, die Werke des Meisters anzuführen, ohne die geringste Kritik zu üben. Ebensowenig läfst er den Charaktereigenschaften Brauns eine gerechte Beurteilung widerfahren. In höchst einseitiger Weise ergeht er sich in einer Lobhudelei, die nur auf die guten Seiten, aber nicht auf die Mängel in Brauns Charakter aufmerksam macht. Noch weniger berührt er das Verhältnis Brauns zu seinen Zeitgenossen, ein Punkt, der, wie wir öfters sehen werden, bei der Charakteristik Brauns wohl zu beachten ist.

**) Trostberg ist eine neue Schreibweise; überliefert ist von einigen Schriftstellern Trofsberg, von anderen Trosburg. Beide Namen weisen zurück auf die ehemalige Veste Trosberg-Trozzenburge, die auf der Anhöhe lag, auf welcher jetzt der Ort in schmaler langer Zeile gebaut ist.

er Neigung zu produktiver Thätigkeit; 1761 erschien in Augsburg seine Ausgabe der „Tristien Ovids", die er mit einer Einleitung zur Erklärung der Tropen und Figuren versah. Derselben Zeit gehört ferner eine deutsche Fastnachtskomödie, „Die Reise um den Mond" an. Freilich ist dieselbe, wie Braun selbst zugibt, nicht gut geraten.

Die neue Stellung in Tegernsee gewährte ihm noch mehr Zeit zur Aneignung umfassender Literaturkenntnisse und zu einer Reihe von Arbeiten, die kurz nach einander erschienen. Im Jahre 1762 veröffentlichte Braun zu Augsburg eine kurze Mythologie für Studierende und Literaturfreunde. Die erste Auflage ist ein populär abgefafstes Büchlein, worin er kurz das Wichtigste über die Götterwelt, deren Abstammung, Thaten und Verehrungsstätten mitteilte, ohne auf den Ursprung und die Entwicklung der Sagen einzugehen. Dabei liefs er das für die Jugend Anstöfsige beiseite; doch ging er in diesem Punkte nicht zu ängstlich vor. Er teilte das Ganze in 3 Teile, von denen der erste in 11 Abschnitten die Götter nach der Rangstufe behandelt. Derselben Darstellungsweise bediente er sich im zweiten Teile, der in 10 Kapiteln die Göttinnen bespricht. Der dritte Theil endlich erzählt die Thaten der Halbgötter; den Schlufs bildet die Geschichte des Äneas, die Zerstörung von Troja und die Erbauung der Stadt Rom.

Eine zweite, verbesserte Auflage mit einer Einleitung über den Ursprung der Abgötterei erschien im Jahre 1776. Das besprochene Schriftchen war damals für die studierende Jugend ein wohl brauchbares Hilfsmittel zum Verständnis der lateinischen und griechischen Klassiker.

Dieser Mythologie liefs nun Braun schon im nächsten Jahre ein neues Werk folgen, nämlich Ovids epistolarum libri IV, welchem er einen Sachkommentar beifügte, der sich durch Kürze und Prägnanz auszeichnet. Bezüglich der Tropen und Figuren verweist er auf Tristien.

Höher zu stellen ist die in demselben Jahre veröffentlichte Ausgabe aller Werke des Horaz, „Heinrich Abbatius", dem Abte des Klosters Möllersdorf, gewidmet. Bei der Bearbeitung folgte er dem Vorgang der Jesuiten, die ängstlich alle nur etwas anstöfsigen Stellen ausmerzten. Sein Vorbild hierin war vor allem der Jesuit Joseph Juwencius, der eine von allen Obscönitäten gereinigte Horazausgabe lieferte. Braun schickte nebst einer ziemlich genauen vita des Horaz eine kurze metrische Übersicht in Fragen und Antworten voraus, in der er auf das Wesen und die Bedeutung der Lyrik tiefer eingeht. Mit Recht hat er hier auf die Nachbildungen der neueren Lyriker Balde und Sarbievius verwiesen, nur hätte er nicht die Sprache Baldes bei der Aufstellung seiner Regeln mit hereinziehen sollen. Die Ausgabe selbst hat er mit kurzen, klaren Anmerkungen versehen und ihr am Ende, wie bei seinen Ovid-Ausgaben, zwei Indices beigegeben. Sie verrät den praktischen Schulmann und kann manchen Ausgaben unserer Tage an die Seite gestellt werden.

Neben der antiken Literatur zog Braun auch die orientalischen Sprachen in das Bereich seiner Thätigkeit. Seine Kenntnisse hierin zeigte er in einer Reihe von Werken, die den letzten Jahren seines Lebens angehören.

In diese Jahre fällt aufserdem ein für seinen Orden verfafstes Werk: „Encomia Sanctorum O. S. Benedicti digesta per singulos anni dies", sowie eine Rede von der Geburt Jesu Christi, worauf wir nicht näher eingehen.

Die vielseitige Beschäftigung jedoch hinderte ihn nicht, auf einem anderen, von den Ordensleuten damaliger Zeit wenig gepflegten Gebiete seine Kenntnisse zu bethätigen. Er versuchte sich nämlich mit Glück in der deutschen Prosa und Poesie. Eine Reihe kleinerer Aufsätze und Gedichte*), die in der erst seit 1764 von der Akademie herausgegebenen Monatsschrift „bayerische Sammlung und Auszüge zum Unterricht und Vergnügen" erschienen, fand allgemeinen Beifall. Da er wufste, dafs die Akademie eine Verbesserung der deutschen Sprache anstrebte, so entwarf er eine deutsche Sprachlehre, deren ersten Teil er zur Aufnahme in die erwähnte Wochenschrift an den akademischen Verlag unter dem Pseudonym „Patriot" einsandte. Die Akademie erkannte ihn als den für ihre Zwecke brauchbaren Mann und forderte ihn auf, sich zu nennen und mit ihrem Sekretär, dem Geistlichen Rat Ildephons Kennedy in Verbindung zu treten. Noch waren die Unterhandlungen mit Braun im Gange, als er einen Ruf nach Wien erhielt, den er auch annehmen wollte. Nun legte sich aber die Akademie, die eine für ihre Bestrebungen so wertvolle Kraft nicht gerne in die Fremde ziehen sah, ins Mittel, und den Bemühungen einflufsreicher Gönner beim Kurfürsten gelang es, ihn für München zu erhalten.

Braun, durch ein Schreiben des Kurfürsten ersucht, den an der Akademie errichteten Lehrstuhl der deutschen Sprache und Literatur zu besteigen, leistete dem ehrenvollen Rufe Folge. Zum Zeichen der Würdigung seiner Person wurde ihm für seine Lehrthätigkeit die für die damalige Zeit sehr hohe Summe von 500 fl. zugesichert. Die hohen Erwartungen, welche die Besten des bayerischen Volkes an Brauns Thätigkeit für das geliebte Vaterland knüpften, rechtfertigte er im vollsten Mafse und zeigte auch durch die That, dafs er, der sich unter dem Titel „Patriot" bei der Akademie eingeführt hatte, auch wirklich diesen Namen verdiene. Wir werden sehen, wie er seine ganze Kraft der Befreiung seiner Landsleute aus der geistigen Umnachtung widmete. Der gröfste Teil seiner Schriften und Reden war diesem Zweck geweiht. Ja bisweilen liefs er auch seine dichterische Ader fliefsen, um seine Bayern teils durch die Fabel, teils im

---

*) Ich erwähne von diesen literarischen Erzeugnissen nur die in sechsfüfsigen Jamben abgefafste Übersetzung der Heldenbriefe Ovids. Einer derselben, das Schreiben der Penelope an den Ulysses, liegt mir in Original und in der Übersetzung im zweiten Bande der Sammlungen Seite 116 und ff. vor. Derselbe dient als Mafsstab zur Beurteilung der Übersetzung der anderen Briefe.

Nimm säumender Ulyfs von deiner Frau ein Schreiben,
Die keinen Brief von dir, wohl aber dich begehrt!
Das feste Troja liegt: so lange auszubleiben
War ja ganz Troja kaum samt ihrem Könige wert.

Hanc tua Penelope lento tibi mittit Ulysses,
Nil mihi rescribas ut tamen: ipse veni.
Troia iacet certe Danais invisa puellis
Vix Priamus tanti totaque Troia fuit.

Drama für das Gute und Schöne empfänglich zu machen. Und diesem patriotischen Streben zur Hebung der Volksbildung blieb er treu bis an das Ende seiner Tage. Sein Wirken als akademischer Lehrer wird uns darthun, wie er durch thatkräftige Energie, mit der er kluge Abwägung und Vorsicht verband, bald reiche Früchte erntete.

Osterwald, der nicht am wenigsten zur Berufung Brauns thätig war, stellte am 28. März 1765 am Stiftungsfeste der gelehrten Vereinigung Heinrich Braun als den neuen ersten Lehrer der deutschen Sprache den Mitgliedern vor. Seine erste Aufgabe in der neuen Stellung war, abgesehen von Rezensieren*) der Fachschriften, die an die Akademie eingeschickt wurden, die Herstellung systematischer deutscher Lehrbücher, wozu er sich als Professor in Freising und auch in Tegernsee hinreichendes Material verschafft hatte. Dies war vor allem notwendig, da in Bayern bis auf Braun wenig zur Hebung der deutschen Sprache geschehen war. Denn in den Schulen war dieselbe roh und unbearbeitet geblieben, die Schriftsteller Bayern's selbst kümmerten sich wenig um eine Ausrottung der verschiedenen Fehler; sie schrieben in ihrem gewohnten Dialekt, wie sie ihn in der Jugend in den verschiedenen elenden Schulen erlernt hatten.

Abgesehen aber davon, dafs durch die Braunschen Lehrbücher eine Einheit, eine gewisse Norm festgesetzt wurde, nach der man sich bei Anwendung der Sprache richten mufste, brachte diese Arbeit Brauns noch den Nutzen, dafs die Hörer der Vorlesungen sich auch zu Hause mit dem Studium der deutschen Sprache beschäftigen konnten. Ferner war dadurch auch solchen, welche wegen Zeitmangels die Vorträge Brauns nicht besuchten, aber sich für die neuen Bestrebungen interessierten, Gelegenheit geboten, sich zu unterrichten. Ebenso anregend konnten derartige Bücher auf die wirken, welche anfänglich die Reformen der Akademie nicht günstig aufnahmen. Bei Leuten von einigermafsen gesundem Urteil mufste die Darlegung der Thatsachen zur Überzeugung der Notwendigkeit einer Reform auf dem deutschen Sprachgebiet führen.

Kurz aufeinander liefs deshalb Braun noch in demselben Jahre 1765 drei deutsche Lehrbücher in dem akademischen Verlag erscheinen: „Eine Anleitung zur deutschen Sprachkunst", „ein Handbuch zur deutschen Dicht- und Versekunst", sowie „einen Leitfaden zur deutschen Redekunst".

*) Ein Brief, der in der Westenriederschen Sammlung erhalten ist, gibt uns Aufschlufs über die Thätigkeit Brauns als scharfen Kritiker. Dies Schreiben vom 16. März 1766 rührt von einem gewissen Wolfgang Joseph Gruber, der an die Akademie ein Exemplar seiner Versekunst zur Begutachtung schickte. Braun rezensierte dieses Werk etwas streng und veröffentlichte sein Urteil. Darüber beschwerte sich Gruber in einem Brief, indem es heifst: „Da aber H. Braun, gegen den ich sonst und auch noch so grofse Achtung hege, mich ohne dafs ich ihm im mindesten etwas zu leid gethan habe, so keck an meiner Ehre angefochten, so war ich dessen benötigt, ihm meinen Schmerz hierüber samt seiner lieblosen Art vor Augen zu legen, blofs mit diesem Unterschiede, dafs ich aus Liebe des Nächsten seine unanständige Kritik ihm einstweilen hier nur in geheim anzeige, er aber meine poetischen Fehler im öffentlichen Druck der ganzen Welt vor Augen gelegt." Er erklärte weiter, dafs er sehr furchtsam geworden sei, der Akademie, die solche scharfe lieblose Kritiker aufzuweisen habe, Arbeiten einzuschicken.

Das zuerst angeführte Werk erschien am 22. Mai 1765 mit dem kurfürstlichen Erlasse, dasselbe in allen Schulen Bayerns einzuführen, welchem Befehl man leider nicht nachkam, hatten ja damals die Jesuiten noch die Lehrstühle inne.

Diese Sprachkunst zerfällt in vier Teile, von denen der erste die Orthographie, der zweite die Prosodie (Silben- und Tonlehre), der dritte die Etymologie oder Wortlehre, der vierte endlich die Syntax oder Wortfügung behandelt.

Obwohl diese Einteilung gewifs nicht den Beifall unserer heutigen Grammatiker finden wird, so können wir der Durchführung der einzelnen Teile unsere Anerkennung doch nicht versagen. Bei genauerem Studium des Buches erkennt man den praktischen Sinn Brauns. Derselbe läfst alle Gelehrsamkeit weg, die in den damaligen gröfseren Grammatiken — ich erinnere an die von Gottsched — aufgehäuft ist, behandelt dagegen die wichtigen Kapitel „die Wörter-Lehre und Orthographie" eingehend. Die Brauchbarkeit des Buches wurde auch von den meisten zeitgenössischen Schriftstellern anerkannt; es war dadurch der Grundstein gelegt, auf dem sich weiter bauen liefs.

Während die Sprachlehre vor allem zum Gebrauch in den Schulen bestimmt war, verfafste er die Dicht- und Versekunst, sowie die Redekunst speziell für seine Zuhörer. Da diese Bücher nur als Leitfaden dienen sollten, beflifs er sich in denselben gröfser Gedrängtheit und gab nur ein Gerippe der Dicht- und Redekunst. Er behielt es sich vor, in seinen Vorlesungen demselben Leben zu geben. Beiden Werken schickte er eine historische Einleitung voraus, in der er den Ursprung der Beredsamkeit aus dem gesellschaftlichen Leben der Menschen ableitet, dagegen für wahrscheinlich hält, dafs die ersten Anfänge der Poesie bei dem Volke Gottes, bei den Israeliten, zu suchen seien. Darauf verbreitet er sich in dem einen Buche über das innere Wesen der Beredsamkeit und läfst den formellen Teil folgen, während er bei der Behandlung der Poesie mit Recht den umgekehrten Weg einschlägt. Wenn man bedenkt, dafs diese die ersten Bücher dieser Art in Bayern waren, so mufs man mit denselben, wenn sie auch nicht die gewünschte Vollkommenheit erreichten, zufrieden sein; es war doch ein Schritt zur Besserung gemacht.

Sogleich nach dem Erscheinen der Sprachlehre erhoben sich die Gegner der Akademie, somit auch Brauns, und suchten dessen literarischen Arbeiten die Selbständigkeit abzusprechen und das ganze Bestreben des Benediktiners für unnütz, ja gefährlich für den Glauben hinzustellen. Sie behaupteten, die Quelle seiner Schriften, besonders der Sprachlehre, sei bei Gottsched zu suchen. — Vollständig unbegründet war nun diese Behauptung nicht; denn bei einer etwas eingehenden Vergleichung der Schriften beider Gelehrten erkennt man, dafs sich Braun an Gottsched angelehnt hat; z. B. der Plan, nachdem die Sprachkunst des letzteren bearbeitet ist, liegt fast vollständig dem Werke des ersteren zu Grunde, ja es finden sich manche Definitionen, die fast wörtlich aus Gottsched herübergenommen sind. Wenn nun auch die Ausbeutung der Gottschedschen Schriften nach dieser Seite hin zugegeben werden mufs, so läfst sich doch auf der andern Seite das selbständige Urtheil Brauns bei der Durchführung der einzelnen Abschnitte nicht verkennen. Braun war sich bei der

Abfassung seiner Schriften bewufst, für wen er schreibe, nämlich für tirones auf deutschem Sprachgebiet. Daher vermied er alles, was das Verständnis der Schrift hemmen oder die Lust, die Bücher fleifsig zu benützen, nehmen konnte. Auf den ersten Blick erkennt man, das Braun für Anfänger schrieb, während Gottsched ein gelehrtes Publikum zu Lesern seiner Schriften wünschte.*)

Von den Freunden der Akademie wurden auch die literarischen Leistungen des deutschen Sprachlehrers lebhaft begrüfst und durchaus kein Anstofs an der Benützung der Gottschedschen Schrift genommen. Wonach sollte auch Braun seinen Plan zu seinen Schriften entwerfen? In Bayern war zu dieser Zeit kein brauchbareres deutsches Sprachbuch vorhanden; dagegen war die Gottschedsche Sprachlehre die beste Leistung in Deutschland.

Braun kümmerte sich sehr wenig um diese tadelnden Stimmen, sondern suchte mit noch gröfserer Energie seine weiteren Pläne zu verwirklichen. Durch seine einflufsreiche Stellung, die er nach so kurzer Zeit in München einnahm, ward es ihm möglich, das Studium der deutschen Sprache selbst in den Kreisen anzubahnen, die sich absichtlich den neuen Reformen verschlossen. Auf Brauns Veranlassung wurde nämlich die Verleihung des kurfürstlichen Tischtitels an die Theologen von einer Prüfung in der deutschen Sprache, ferner aus der allgemeinen Geschichte und Arithmetik abhängig gemacht. Diese Bestimmung wurde später auf alle Kandidaten der Theologie ausgedehnt.

Das Eingreifen in die Erziehung des künftigen Klerus erregte begreiflicherweise in allen Schichten der bayerischen Bevölkerung grofses Aufsehen. Manche schauten mit Bewunderung auf zu dem Volkserzieher, der ein solches Unternehmen in einer Zeit wagte, in der man an Vorurteile und Aberglauben noch mit sklavischen Ketten gebunden war. Andere wieder, voran die Jesuiten, die sich in ihrer Domäne nicht mehr sicher fühlten, suchten einerseits bei ihren Schülern die Bestrebungen Brauns lächerlich zu machen, andererseits bemühten sie sich, bei ihrem Anhang, die Förderung der geistigen Kultur, für welche die Akademie mit Braun an der Spitze besonders jetzt kämpfte, durch das Vorgeben, die Religion werde durch diese Gesellschaft gefährdet, zu verdächtigen und betreffs der Neuerungen bei Beamten und Weltgeistlichen Unzufriedenheit zu verbreiten.

---

*) Gerade dieses Buch Brauns mufs gewaltiges Aufsehen erregt haben. Wie jede Neuerung, wurde auch diese als Unheil bringend angesehen. Recht bezeichnend für die Stimmung des Volkes dieser Schöpfung Brauns gegenüber ist der Inhalt eines im 1. Bd. der „bayerischen Sammlungen und Auszüge zum Unterricht und Vergnügen", S. 142, aufgenommenen Gedichtes, das ich deshalb hier anführe:

Auf die im Drucke erschienene churbayerische deutsche Sprachkunst.
Der Schreiber Doran stand unzt dato in dem Wahn,
Dafs er in deutscher Sprache aufs beste schreiben kann,
Und weil er keine sonst, als diese Sprache kennet,
Ward sie von ihm die schönst' und trefflichste genennet.
Allein nachdem man ihm die echte Sprachkunst wies,
Und er zugleich erfuhr, die sei nun anbefohlen,
So wurde er so erbost, dafs er dies Buch zerrifs
Und sprach: Der Teufel soll die deutsche Sprache holen.

Viele von denselben konnten von der Notwendigkeit dieser Reform nicht überzeugt werden; denn „man verstand sich" — wie Westenrieder in seiner Geschichte der bayerischen Akademie mit treffender Ironie bemerkt — „ja doch einander recht gut, und man glaubte, die deutsche Sprache, nachdem sich niemand erinnerte, sie durch eine förmliche Unterweisung gelernt zu haben, sei den Deutschen schon angeboren. Die einfachen nach Regeln gestalteten und zierlichen Ausdrücke, durch welche sich die damaligen neuen deutschen Schriften ein gefälliges und empfehlendes Ansehen zu geben suchten, schienen eine fade Ziererei und eine recht abgeschmackte, kleinliche Neuerung zu sein. Überhaupt hielten sie die deutsche Sprache keiner solchen Veredelung fähig, als dies bei der französischen möglich sei". Besonders konnten sich viele Beamte mit den Neuerungen gar nicht befreunden. Sie waren ärgerlich, dafs man sie, die doch sehr gute Dokumente ihres Wissens und ihrer Fähigkeiten aufzuweisen hatten, jetzt noch schulmeistern und deutsch lehren wollte. Aber nicht allein viele von den Höhergestellten standen der Bewegung feindlich gegenüber, auch das gewöhnliche Volk, das durch Predigten aufgereizt wurde, stimmte in diesen Lärm ein. cf. Beiträge Seite 101; Annalen 1. Bd. 19.

Braun suchte nun am Tage seines Amtsantrittes, 2. Mai 1765, durch einen treffend gewählten Vortrag „von den Vorteilen des Staates aus der deutschen Sprachkunst" wenigstens den besseren Teil der Bevölkerung für sich zu gewinnen.

Er weist in demselben auf die alten Völker, Griechen und Römer, hin, die einen gründlichen Unterricht der Jugend in der Muttersprache für notwendig hielten. Derselben Anschauung folgten auch, sagt er weiter, die Bayern umgebenden Nachbarstaaten. Denn „eine echte Kenntnis der vaterländischen Sprache eine feine Mundart, ein reiner gutgewählter Ausdruck beförderte auch stets eine wohlgesittete feine Lebensart der Menschen". Von diesem Punkte geht er dann zu einem anderen eben so wichtigen über. Mit Recht behauptet er, dafs ohne Pflege der Muttersprache „die Wissenschaften niemals einheimisch und vaterländisch, auch die Eingeborenen der erforderlichen wissenschaftlichen, jedem Bürger und fähigen Kopf nötigen Kenntnisse niemals teilhaftig würden. Im weiteren Verlauf seiner Rede zeigt er, wie unentbehrlich den Juristen, sowie den Theologen eine genaue Kenntnis der Dichter, Redner und Philosophen des Vaterlandes sei, und bespricht den Übelstand, dafs wegen Mangels an gründlicher Vertrautheit mit der Muttersprache von den Theologen „viele wichtige Stellen der göttlichen Schrift und der heiligen Väter sowohl auf den Kanzeln als in den Büchern so ungereimt, undeutlich, ja oft in einem ganz widrigen Verstande übersetzet und vorgetragen würden." Ebenso tadelt er den Umstand, dafs die gröfsten Männer seiner Zeit und zwar nicht nur kluge Staatsmänner sondern auch Schriftsteller und öffentliche Lehrer wegen mangelhafter Kenntnisse der Muttersprache nicht einmal einen Brief fehlerfrei schreiben könnten. Endlich zeigt Braun, dafs die Sprachkunst das Bindemittel aller Wissenschaften sei und dafs durch ihre Vernachlässigung auch alle wissenschaftlichen Disziplinen in Verfall geraten müfsten.

Da Braun an der Akademie auch über die Beredsamkeit Vorlesungen hielt, so benützte er 5 Monate später das Namensfest des Kurfürsten (14. Okt.

1765) zu einer Festrede in der Akademie und sprach „von der Kunst zu denken als dem Grund der wahren Beredsamkeit."

In diesem Vortrag setzt er „die Eigenschaften eines wahren Redners und das falsche, oft verblendende Wesen eines unechten" auseinander und gibt die Methode an, wie ein Jüngling zu wahrer Beredsamkeit herangezogen werden müsse. Er empfiehlt hiebei das Beispiel der griechischen und römischen Rhetoren, die dem Unterricht in der Beredsamkeit eine gründliche Unterweisung in der Logik vorausgehen liefsen. Am Ende seiner Rede spricht er noch über die Anwendung der Logik in der Beredsamkeit, nämlich über die Gründlichkeit bei der Auffindung des Stoffes, über Anwendung einer natürlichen und ungekünstelten Ausdrucksweise, sowie einer gesunden Vernunft. Durch diese zwei Reden hatte Braun das Programm seiner Bestrebungen bekannt gegeben, das er in zwei Wochenvorlesungen zu erledigen trachtete. In der einen trug er deutsche Sprachlehre vor, in der anderen verbreitete er sich über die Dicht- und Redekunst.

Sowohl die Neugierde als auch vor allem der gewinnende Vortrag und die vorzügliche Lehrgabe füllte bald seinen Lehrsaal mit Zuhörern aus allen Klassen der Münchener Bevölkerung. Die Urteile seiner Zeitgenossen über diese seine Thätigkeit an der Akademie sind durchweg günstig. Sogar Westenrieder, ein persönlicher Gegner Brauns, rühmt seine Vorzüge mit beredten Worten. Er sagt: „Der neue akademische Lehrer besafs die Gabe, seine Kenntnisse, Anweisungen und Überzeugungen nicht blofs zu lehren, sondern auch dieselben in seine Zuhörer hineinzutragen und mittels dieser auch auf entfernte Kreise zu wirken. Man ging nie aus seinen Vorlesungen, ohne mit einer gewissen Wärme und Liebe für das, was er sagte und empfand, nach Hause zu gehen. Er deklamierte nicht, sondern redete und hatte darin seinen eigenen gesellschaftlichen, vertraulichen und Vertrauen erweckenden Ton. Er liefs sich oft unterbrechen, ja er gab Gelegenheit dazu, um mit seinen Zuhörern unmittelbar reden zu können. Da ihm manchmal kleine Aufsätze vorgelegt wurden, las er sie herunter und sagte seine Meinung offenherzig und das auf eine Art, die, wenn die Sache auch nicht gebilligt werden konnte, für den Verfasser immer rühmlich und ermunternd war. Er sammelte alle damals etwas lesenswerten Schriften, machte sie seinen Zuhörern bekannt, teilte sie ihnen mit und verbreitete mit einem Worte einen allgemeinen Eifer oder doch eine allgemeine Umfrage über die Wissenschaften, welche er einführen wollte. Aufserdem verriet er nicht das Geringste von einiger Anmafsung, sondern war äufserst freundlich und zuvorkommend." Westenr. 5, 423.

Hatte Braun durch diese seine Lehrbücher und durch Unterricht für die Verbreitung einer gereinigten Sprache theoretisch gewirkt, so ging jetzt sein ganzes Streben dahin, auch für die praktische Anwendung dieser Theorien zu sorgen. Daher übernahm er in Verbindung mit dem Akademiker Pfeffel noch in dem ersten Jahre seines Wirkens in München die Redaktion der von der Akademie herausgegebenen Monatsschrift, „Bayerische Sammlungen und Auszüge", die er durch angenehme Abwechslung von poetischen und prosaischen Abschnitten verschiedenen Inhalts, unter die auch literarische Erzeugnisse fremder Schriftsteller in guter deutscher Übersetzung aufgenommen waren, zu einem viel gelesenen Blatte machte. Studenten und auch andere Kreise interessierten sich für die neuen Erscheinungen: Hagedorn, Rabener, Gellert etc. fanden eifrige Leser.

Es liegt in der Natur der Sache, dafs besonders die studierende Jugend freudig die Gelegenheit ergriff, ihrem Geiste auch einmal eine bessere Kost zuzuführen, als ihre engherzigen Magister ihnen boten. Hatten ja die Jesuiten aufser einer Menge der im Verlag des sogenannten goldenen Almosens befindlichen „geistlichen Betrachtungen oder ascetischen Bücher" sehr wenig in deutscher Sprache geschrieben. Andere deutsche Schriften zu lesen war sehr verpönt. Aber gerade dieses Verbot reizte die Jugend, bei welcher der Spott, den ihre Lehrer über den deutschen Sprachmeister an der Akademie ergossen, nicht mehr recht verfing.

Braun, der so den gröfsten Teil der jüngeren Generation für sich gewonnen hatte, sah aber ein, dafs seine schriftstellerische Thätigkeit, sowie seine Vorlesungen, die gewünschten Früchte nicht bringen könnten, wenn die in allen Händen befindlichen Bücher, wie die Schul- und Evangelienbücher, nicht von den vielen sprachlichen und orthographischen Fehlern gereinigt und so in einem neuen Gewand herausgegeben würden. Deshalb unterzog er sich auch auf Wunsch der Akademie der Bearbeitung einer neuen, dem richtigen Sprachgebrauche entsprechenden Ausgabe der Evangelien und Episteln (1766). Er versah diese Ausgabe mit einer kleinen Einleitung, in der er die Biographien der vorzüglichsten hl. Schriftsteller mitteilt. Wie alle Neuerungen der Akademie von dem gröfsten Teil des bayr. Klerus und seinem Anhange mit scheelem Blick betrachtet wurden, so sollte auch dieses nützliche Unternehmen die Leidenschaft der Gegner noch mehr entflammen, obwohl Braun aus kluger Vorsicht sein Manuskript dem Augsburger Bischof zur Approbation vorgelegt und diese auch durch Vermittelung des Geistlichen Rats und Bücherzensors Herz in Augsburg erhalten hatte.

Um zu zeigen, wie die Feinde der Aufklärung kein Mittel unversucht liefsen, die Akademie und ihre Mitarbeiter in ihren Bestrebungen zu hindern und beim Volke verdächtig zu machen, will ich kurz schildern, in welch unangenehme Situation durch dieses Unternehmen Braun gebracht wurde. Bei der Herstellung des Buches verwechselte der Setzer der akademischen Buchdruckerei den schlecht geschriebenen Vornamen des mitunterzeichneten Generalvikars Fercher von Augsburg, mit einem anderen. Gleich nach dem Erscheinen des Werkes hiefs es: „die Approbation sei falsch". Statt nun die Sache ruhig zu untersuchen, schrieb der alte Stadtdechant Grimmer, der auf Braun wegen seiner Neuerungen in der deutschen Sprache nicht gut zu sprechen war, an den Generalvikar Fercher und erkundigte sich, ob die Approbation echt wäre. Fercher war infolge hohen Alters sehr gedächtnisschwach und konnte sich an die Unterschrift nicht mehr erinnern. Er schrieb zurück, er wüfste nichts um diese Approbation, es müfste vom Buchdrucker oder von jemand anderem ein „Gefärde" gespielt worden sein. Dem Stadtdechant war nichts erwünschter als ein Brief solchen Inhalts, den er auch sofort dem Bischof von Freising übergab. Dieser teilte die Sache dem Kurfürsten mit und liefs Braun vor das bischöfliche Konsistorium laden. Es schien wirklich, als sollte sich die Vermutung Grimmers bestätigen; denn Braun fand die Originalapprobation nicht sofort; aber nur durch diese konnte er seine Schuldlosigkeit beweisen, da das bischöfliche Konsistorium den Versicherungen der Akademie bezüglich des wahren Thatbestandes kein Gehör schenkte. Man durchsuchte nun die akademische Druckerei auf das genaueste und fand endlich zur Freude Brauns die Originalapprobation, die er dem über ihn erzürnten Kurfürsten übergab. Dieser um das Ansehen seiner Akademie besorgte Fürst erledigte aufs schnellste die Sache und beruhigte die aufgeregten Gemüter. — Aber nicht die nächst beteiligten Kreise allein wufsten von dieser Angelegenheit, nein, man sorgte dafür, dafs im ganzen Lande die Kunde erscholl, Braun habe die Approbation gefälscht und die von ihm herausgegebenen Evangelien seien lutherisch angehaucht. Wie grofs die Erbitterung gegen den Akademiker wurde, kann man auch daraus ersehen, dafs seine Mutter auf diese Nachricht hin in Mitleidenschaft gezogen wurde. Die Bürgersleute von Trostberg kauften bei derselben, der Mutter des Volksverführers, kein Brot mehr. Deshalb reiste die um ihren Erwerb besorgte Frau zu ihrem Sohne nach München. „Unangemeldet safs sie," wie Burgholzer Seite 34 berichtet, „vor der Hausthüre und weinte Mutterthränen; denn sie konnte, was sie hören mufste, von ihrem Sohne gemäfs seiner beständigen, kindlichen Liebe kaum glauben. Als er nun selbst gekommen und sie um die Ursache ihres Leidwesens befragt hatte, führte er sie zu sich hinauf, that ihr wie jedesmal gütlich und zeigte ihr, wie er von ihrer Liebe gelernt habe, Gott und Menschen zu lieben. Die Sache kam von mehreren Seiten selbst vor den gnädigsten Landesvater Maximilian Joseph, der, überzeugt von Brauns Rechtschaffenheit, seine besorgte und beinahe ums Brot gebrachte Mutter in das Puderkämmerchen vor sich kommen liefs und ihr alle Besorgnisse benahm."

Der Reformator hatte durch das mutige Ausharren in diesen Kämpfen bei seinen Gesinnungsgenossen bedeutend an Ansehen gewonnen und seine Stellung so befestigt, dafs er, verachtend das Lärmen und Toben seiner Gegner, ruhig an dem Ausbau seiner Pläne weiter arbeiten konnte, worin er lebhaft durch das Wohlwollen des Kurfürsten und durch das kräftige Mitwirken der Akademiker unterstützt wurde.

Nachdem er seinen Landsleuten eine deutsche Grammatik geschaffen, für Lektüre gesorgt und die vorhandenen Bücher von den Schlacken gereinigt hatte, ging er daran, auch für die Bequemlichkeit derer zu sorgen, die sich nicht lange mit Grammatik beschäftigen wollten, sondern bei zweifelhaften Fällen hinsichtlich der Schreibweise einzelner Wörter ein praktisches Nachschlagebuch zur Hand zu haben wünschten. Zu diesem Zwecke verfafste er (1767) ein deutsch-orthographisches Wörterbuch, welches er vor allem für die Gerichtsbeamten bestimmte, in deren Kanzleien nicht die beste Orthographie herrschte und bei denen der Gebrauch einer mit allen möglichen, besonders lateinischen Ausdrücken versehenen Sprache, sowie die Anwendung einer Reihe fehlerhafter Wörter z. B. anheut, allhie, alldieweilen etc. im Schwange war. Er wollte auch hier Bresche schiefsen, da man gerade da mit grofser Zähigkeit an dem Althergebrachten hing.

Die Einrichtung des Buches ist folgende: Verba, Substantiva und Adjektiva sind untereinander in alphabetischer Weise geordnet. Auch fügt Braun die Verbalformen, sowie die Kasus der Substantiva bei, die eine besondere Aufmerksamkeit erfordern. Die Adjektiva sind nach ihren Endungen eingeteilt. In der Rechtschreibung des Verfassers herrscht keine Willkür, meist basiert die Schreibung auf guten Gründen. Im zweiten Teil seines Werkes stellte er die gebräuchlichsten Fremdwörter zusammen und versuchte dieselben in guter deutscher Sprache wiederzugeben. Hierin jedoch hat er oft das Richtige nicht getroffen. Von den vielen fehlerhaften Übersetzungen will ich nur einige anführen: Amnestie (Aufhebung der Beleidigungen, Verzeihung der Unbilden), Marechal (Stallmeister), Avanturier (ein Mensch, der seltene Begebenheiten erfahren hat). Sonst war das Buch sehr brauchbar, wofür schon der Umstand spricht, dafs dasselbe vier Auflagen erlebte, von denen die letzte 1784 erschien.

Wie alle früheren Werke Brauns grofses Aufsehen in Bayern erregten, ebenso war es auch mit dem letzteren. Die Leute niederen Standes wähnten wieder darin eine für die Religion gefährliche Neuerung. Die Beamten, für die Braun das Buch bestimmt hatte, wollten meistenteils nichts davon wissen. War aber einer derselben für die neue Erscheinung eingenommen und führte das Buch in seiner Kanzlei ein, so erregte diese Neuerung bei den Schreibern Verdrufs, die lieber ihre Dienste verliefsen, als sich den Anordnungen ihres Vorstandes zu fügen. Sie begaben sich dahin, wo der alte Schlendrian noch geduldet wurde.

Braun liefs sich durch solche teilweise Mifserfolge in seinem Wirken nicht irre machen, sondern suchte sich auch um den Klerus, der nicht zu seinen Freunden zählte und ihn täglich mehr bei dem Volke verdächtigte, durch die Herausgabe eines besonders für jüngere Priester nützlichen Buches verdient zu machen. Vor allem war es ihm darum zu thun, den Klerus zu veranlassen, gründlich seine Werke zu studieren und sie auf die angebliche Gefährlichkeit für den Glauben zu prüfen. Um ihn dazu zu bringen, schrieb Braun in guter deutscher Sprache: „Muster der christlichen Beredsamkeit". Er wollte den angehenden Predigern damit Stoff für ihre Reden und zugleich Winke zu dessen Verarbeitung an die Hand geben. Die etwas schnelle Herstellung des Werkes machte bald eine Verbesserung und Umarbeitung nötig die 1775 unter dem Titel „Entwürfe für Predigten" erschien; er versah dieselbe mit neuen Zusätzen und einer Anleitung zur deutschen Beredsamkeit.

Nachdem Braun durch seine energische Rührigkeit der deutschen Sprache in Bayern wieder zu ihrem Rechte verholfen, die studierende Jugend für die Muttersprache begeistert und den Erwachsenen, bei denen infolge der bedauernswerten Vernachlässigung die deutsche Sprache gegenüber der lateinischen und französischen sehr in Mifsachtung geraten war, die Schönheiten derselben gezeigt hatte, glaubte er, dafs die Zeit einer Reform der in heillosem Zustande befindlichen deutschen Schulen gekommen sei. Seine Beschäftigung in den nächsten zwei Jahren ist fast ausschliefslich darauf gerichtet, für die Reorganisation Stimmung zu machen. Denn er sah die Schwierigkeiten recht wohl voraus, die von der Gegenpartei dem Unternehmen bereitet würden. Zunächst wollte er die

Angelegenheit den Mitgliedern der Akademie vortragen und ihre Meinungen kennen lernen. Eine gute Gelegenheit dazu bot des Kurfürsten Geburtstag, an dem er von der Wichtigkeit einer guten Einrichtung im deutschen Schulwesen sprach. Diese Rede ist doppelt wichtig für uns, einmal, da wir einen Einblick in den erbärmlichen Zustand der Volksschulen bekommen, über die er im Eingang seiner Rede spricht, und dann, da wir auch seinen pädagogischen Standpunkt, den er bei der Reformierung festhielt, kennen lernen. Er stellt an eine gute Schule eine dreifache Anforderung. Sie muſs erstens ihre Schüler zu gesitteten Menschen erziehen und zwar durch eine harmonische Durchbildung des äuſseren und inneren Menschen. Es sollen daher die Kinder einerseits mit den für das gesellschaftliche Leben notwendigen Regeln des Anstandes und der Ordnung, der Leutseligkeit und Menschenliebe vertraut gemacht werden, anderseits sei die Bildung des sittlichen Willens auf jede Weise zu fördern. Der Lehrer mache, sagt Braun, die Kinder aufmerksam auf die Schönheit der Tugend an sich selbst, auf den Unterschied zwischen dem wahren und falschen Vergnügen, auf den Wert der Wissenschaften, auf die traurigen Folgen des Müſsigganges und anderer die Menschen beherrschender Fehler. Besonders solle der Lehrer durch Erzählungen von Thaten groſser Männer das sittliche Gefühl der Kinder wecken, anstatt mit Erzählungen von Hexen- und Gespenstergeschichten die Phantasie der Kinder zu erfüllen, was in den damaligen bayerischen Schulen sehr beliebt war. Mit der Bildung der Schüler zu gesitteten Menschen geht die zweite Aufgabe der Schule, die Erziehung zu guten Christen, Hand in Hand. Braun verlangt deshalb von den Lehrern gröſsere Berücksichtigung des Religionsunterrichtes und wünscht eine mehr den Verstand bildende Unterrichtsweise. Die dritte Forderung endlich besteht in der Heranbildung der Schüler zu guten Bürgern. Dieses werde aber nur durch einen gründlichen Unterricht in der deutschen Sprache, im Rechnen und in den anderen für das Leben des zukünftigen Bürgers nötigen Gegenständen erreicht. Vom Lehrziel geht er auf die Lehrer über und erklärt, daſs die traurigen Schulzustände nicht beseitigt werden können, wenn nicht zugleich an die Hebung des geringen Bildungsgrades der Lehrer gedacht, wenn nicht diesen Achtung und ein besserer Unterhalt verschafft werde.

Zum Schlusse fordert er die Obrigkeiten auf, eine Reform der Volksschulen anzubahnen. Er weist dabei auf die Griechen und Römer hin, bei denen der Staat die Erziehung und Bildung der Kinder nicht den Eltern allein überlieſs, sondern dieselbe als eines seiner Hauptgeschäfte ansah.

Diese Rede fand den lebhaften Beifall des Kurfürsten Max, der ihm noch in diesem Jahre ein Kanonikat zu U. L. Frau verlieh und ihn im darauffolgenden Jahre zum wirklich frequentierenden Geistlichen Rat sowie zum Mitglied des Zensurkollegiums ernannte. Auch bei den Mitgliedern der Akademie, die Braun zu thatkräftigem Handeln ermunterte, erntete er Anerkennung. Er bahnte durch diese Rede auch den Weg, daſs die bald darauf folgende Reform günstiger von einem Teil des Publikums aufgenommen wurde. Es konnte jetzt aber nicht sofort an die Durchführung derselben gedacht werden, weil erst viele Hindernisse, die wir später besprechen müssen, von den Akademikern zu beseitigen waren.

— Wir wol'en daher jetzt seine literarische Produktivität im Jahre 1768/69, die auch vorbereitend für die Reform wirkte, kennen lernen.

Eine Reihe von Schriften sollte seine idealen Bestrebungen, die deutsche Sprache in Bayern recht einheimisch zu machen, fördern. So eine Umarbeitung seiner dickleibigen Sprachkunst, die kürzer gefafst und bequemer eingerichtet wurde. Dieselbe erlebte rasch neue Auflagen; die dritte im Jahre 1775 erschienene Auflage versah er noch mit einem kleinen orthog. Lexikon.

Nicht minder wichtig und auch zum Gebrauch für die Jugend bestimmt war eine Sammlung von Briefen (1768), sowie eine Anleitung zum Briefschreiben nach Gellerts Geschmack. Wichtig waren diese Werke deshalb, weil sie die damals herrschende Schreibart in Briefen zu verdrängen suchten. Man war nämlich damals bestrebt, in den Briefen seine Gelehrsamkeit zu zeigen. Infolgedessen mengte man in die deutsche Sprache möglichst viel lateinische oder französische Wörter. Auch das Deutsche war nicht am besten, es war ausgeputzt mit den üblichen Partikeln „sintemahlen, allermassen, alldieweilen etc. etc." Gewisse Eingangs- und Schlufsformeln waren fast stereotyp geworden. Dagegen trat Braun auf und zeigte durch Muster und Regeln, wie man Briefe einfach und in guter, deutscher Sprache abfassen könnte.

Demselben Zwecke, der Reinigung und Förderung der deutschen Sprache, sollten noch zwei andere Werke dienen, eine Wochenschrift, „Patriot" betitelt, sowie eine Sammlung von guten Mustern der deutschen Sprach-, Dicht- und Redekunst. Die erstere kam auf Brauns Veranstalten (1769) heraus, erschien aber nur zwei Jahre. Sie enthielt poetische und prosaische Aufsätze verschiedenen Inhalts und ward deshalb viel gelesen. Dieselbe war an die Stelle der oben genannten „bayerischen Sammlungen" getreten, die nach vierjähriger Dauer 1768 ein Ende nahmen und zwar deshalb, weil viele der vaterländischen Gelehrten und Liebhaber der deutschen Literatur sich damals mit den Schriften, aus welchen Stücke für die Sammlungen entlehnt wurden, schon versehen hatten.

Wichtiger war die zweite Sammlung, die er der Jugend bestimmte. Nachdem dafür gesorgt war, dafs die Jugend mit der Grammatik der deutschen Sprache vertraut gemacht werden konnte, war es auch unerläfslich nötig, den jungen Leuten Muster vorzulegen, damit dieselben durch eifriges Lesen ihren Geschmack bildeten. Auch wollte Braun dadurch verhindern, dafs die Jugend mit Schriften bekannt würde, die ihren Sitten und religiösen Anschauungen schaden könnten. — Die Sammlung bestand aus 8 Bändchen, von denen die vier ersten prosaische Stücke — freundschaftliche Briefe, Sittenschriften, Satiren und Reden — die letzten vier poetische Stücke — Oden und Lehrgedichte, Fabeln und Sinngedichte, scherzhafte Gedichte und theatralische Stücke — enthalten. Jeder Literaturgattung, sowohl der Prosa als auch der Poesie, schickte er eine Einleitung voraus, in der er das Wesen der einzelnen Literaturgattungen bespricht. Die Lesestücke selbst sind gröfstenteils den Werken der besten deutschen oder auch alten römischen und griechischen Schriftsteller entnommen. Unter den Briefen finden sich eine Anzahl von Gellert, Rabener, ebenso von Cicero und Plinius, die natürlich in der Übersetzung mitgeteilt sind. Ähnlich wie mit den Briefen verhält es sich mit den Sittenschriften, Satiren und Reden. Die Einleitung für die Sittenschriften bildet Gellerts Vorlesung von der Beschaffenheit, dem Umgang und dem Nutzen der Moral, der dann verschiedene Abhandlungen folgen z. B. Gedanken über das Glück, die Wünsche, Gedanken über die Vorteile, welche uns unsere Feinde verschaffen, Lebensstände, von der vernünftigen Anwendung des Geldes, Betrachtung über das Vergnügen, von dem Glücke eines frühen Todes etc. Den Sittenschriften reihen sich die Satiren und Reden an; den ersteren fügt er als Einleitung einen Brief Rabeners über die Zulässigkeit der Satire bei. Eingangs der Reden spricht er von dem Wesen der falschen Beredsamkeit. Aus den Satiren heben wir nur eine hervor, nämlich die von der Wahl eines Hofmeisters handelt, und die grofse Vernachlässigung der richtigen Kindererziehung sowie die Verachtung des Lehrerstandes scharf kennzeichnet. Unter den Reden sind die besten zwei von Gellert; die eine handelt „von dem Einflusse der schönen Wissenschaft auf das Herz und die Sitten", die andere „von den Fehlern der Studierenden bei Erlernung der Wissenschaften insonderheit auf der Akademie". Aufserdem finden wir in der Sammlung noch die Rede Ciceros pro Archia und des Demosthenes zweite Rede gegen den König Philipp.

Auch für den zweiten Teil seiner Sammlung wählte er Stücke aus den poetischen Erzeugnissen der besten deutschen und antiken Schriftsteller. Auf den Inhalt der entlehnten Abschnitte einzugehen, würde zu weit führen.

Aufser der Pflege der deutschen Sprache widmete der unermüdliche Braun seine Aufmerksamkeit noch anderen literarischen Gebieten. So verfafste er 1769 ein Buch, in dem er das Leben und Leiden Jesu Christi in chronologischer Ordnung beschrieb. Hieher gehört noch eine Rede, die er in der Akademie auf den hl. Nepomuk hielt.

Sogar die brennenden, europäischen Tagesfragen zog Braun in den Bereich seiner literarischen Thätigkeit. In der zweiten Hälfte des 18. Jahrh. erkannten endlich die meisten europäischen, katholischen Staaten, besonders Österreich, welch schädlichen Einflufs die allzugrofse und vieljährige Macht des Klerus auf die Entwicklung der staatlichen Verhältnisse gehabt hatte. Deshalb suchte sich jetzt die Staatsgewalt von der Kirche frei zu machen und zeitgemäfse Reformen ins Leben treten zu lassen. In Österreich waren Maria Theresia und vor allem Joseph II. Bahnbrecher der neuen Richtung. Die Bewegung in den Nachbarstaaten äufserte auch ihre Wirkung auf Bayern, das unter denselben ungünstigen Verhältnissen litt. Besonders die Akademiker waren es wieder, die ihren Landsleuten die Augen über die schädlichen, veralteten Zustände öffneten. Männer, wie Ferdinand Sterzinger und Peter von Osterwald und viele andere wagten energisch gegen den auf niederer Bildungsstufe stehenden Klerus, der den Aberglauben des Volkes förderte, ja sogar den Glauben an die Existenz von Hexen begünstigte, aufzutreten. Aufserdem machten sie aufmerksam auf den zum Schaden des Staates in Klöstern aufgehäuften Reichtum, sowie auf die Immunität der Geistlichen und forderten Reformen. Unter diese Frage behandelnden Schriften ist besonders hervorzuheben Osterwalds Buch, das unter dem Namen „Veremund von Lochstein" erschien und sich gegen die Immunität richtete. Dasselbe machte gewaltiges Aufsehen. Sofort erschienen viele, meist in lateinischer Sprache verfafste Schriften, für und wider den Streitgegenstand, sowie ein Verbot des Buches durch den Erzbischof von Freising. Letzteres erklärte die bayerische Regierung (29. Aug. 1766) als einen offenbaren Eingriff in die Landeshoheitsrechte für null und nichtig, zumal da Vere m und nicht von Glaubenssachen, sondern nur von landesherrlichen Gerechtsamen handle.

Da erwarb sich Braun das Verdienst eine Reihe dieser Streitfragen behandelnder früher erschienener Schriften durch Übertragung in die deutsche Sprache weiteren Kreisen zugänglich zu machen. So z. B. übersetzte er (1768 eine Schrift „des gelehrten Jesuiten Robert Bellarmin (1542—1621) in Bayern verbotene Abhandlung von der Macht des Papstes in zeitlichen Dingen," dazu die Gegenschrift „des lateinischen Dichters und Satirikers John Barclay (1582—1621) Abhandlung von der Macht des Papstes in zeitlichen Dingen wider Bellarmin". Aus demselben Jahre stammt seine Übersetzung einer anderen Schrift des Benediktiners Anselm Desings Staatsfrage: Sind die Güter und Einkünfte der Geistlichkeit dem Staate schädlich: beantwortet und Lochstein und Neuburger entgegengesetzt. Unter dem letzteren Namen hatte Braun eine Abhandlung über die Einkünfte der Klöster verfafst, in der er sich über den Ursprung, über die Ausbreitung und Beschaffenheit der Klöster ergeht und nachweist, dafs dieselben vermöge ihres Zweckes nichts vom Staate beanspruchen können, als den titulus sustentationis. Da sie aber trotzdem sich bemühen, durch Fundationen, Testamente etc., sich zu bereichern, und da durch das Anwachsen dieser Reichtümer in den Klöstern der Staat geschädigt werde, so rät er den Fürsten, diesem Unwesen durch ein Gesetz zu steuern.

In diese Reihe gehört noch eine andere Braun zugeschriebene Schrift: Bedenken und Untersuchung der Frage: ob man den Ordensgeistlichen die Pfarreien und Seelsorge nehmen soll oder nicht. Bei Beantwortung der Frage geht er zurück auf die Gründung der Kirche, wobei Christus seinen Aposteln und ihren Nachfolgern die Leitung der Kirche übergab. Die Mönche aber seien nach den ursprünglichen Ordensbestimmungen von der Hierarchie ausgeschlossen, da sie anfänglich nur Laien waren: daher seien sie auch unfähig zu Kirchendienst und Seelsorge. Dieses suchte er aus den Bestimmungen und Vorschriften der Klosterstifter, aus den Handlungen der Mönche, aus den Verordnungen der Päpste zu beweisen.

Diese Schriften der Akademiker brachten auf der einen Seite grofse Erregung des Klerus und seines Anhanges. Dem gewöhnlichen Volke wurden die in diesen Werken angeregten Neuerungen für die Priester und für den Glauben der ihnen anvertrauten Seelen als höchst nachteilig geschildert. Die Erhitzung der Gemüter nahm einen so bedenklichen Grad an, dafs der Kurfürst schon 1767 durch ein offenes Patent sich gegen die Unterschiebung der Schädigung des Glaubens verwahrte. Auf der andern Seite aber wurden die vernünftigen Leser aufgemuntert über die besprochenen schädlichen Einrichtungen ernstlich nachzudenken. Dann aber riefen sie auch viele landesherrliche Verordnungen über das Kirchenwesen, über die Disziplin der Geistlichen hervor. Wir wollen nur aus den manchfachen Veränderungen der Reformation des Geistlichen Rates gedenken.

Der Geistliche Rat, eine Schöpfung Albrechts V., hatte anfänglich nur die Aufgabe, das Kirchenvermögen zu verwalten, Pfründen zu besetzen und über geistliche Sachen die Oberaufsicht zu führen. Mit der Zeit erscheint derselbe als Berater des Kurfürsten. Er war anfänglich aus Geistlichen und Laien, von denen die letzteren sogar an Zahl überwogen, zusammengesetzt; aber später mufsten diese den ersteren vollständig das Feld räumen.

Unter Aufsicht dieses Rates standen auch die Volksschulen. Man konnte aber von demselben in seiner jetzigen Fassung nicht erwarten, dafs er sich ernstlich der so übel bestellten Schulen annehmen würde. Dem Kurfürsten lag aber sehr viel an der Hebung derselben. Es war deshalb nötig, den Geistlichen Rat zu reformieren, durch weltliche Elemente demselben neue Spannkraft zu geben. Seinen Entschlufs liefs Maximilian durch die Ernennung Osterwalds zum ersten Direktor des Rates zur That reifen. Bald sollte der Direktor eine neue Stütze an dem thätigen Minister von Baumgarten, dem die Stelle des verstorbenen Präsidenten Baron von Pettendorf übertragen wurde. Welches Aufsehen mochte wohl diese so plötzliche Veränderung in dem Geistlichen Rat hervorgerufen haben!

Der geistreiche Minister wählte jetzt zu Räten nur solche Männer, deren Unterstützung in der Ausführung der Schulreform er sicher zu sein glaubte. Unter anderen schlug er auch Braun zum Schulkommissär vor. Der Kurfürst genehmigte nicht allein die Wahl, sondern beauftragte Braun auch einen Lehrplan nebst einem Generalmandat auszuarbeiten, sowie die nötigen Schulbücher zu schreiben.

B. Seine Elementarschulreformen.

Kanonikus Braun machte sich sofort an die Lösung der ehrenvollen Aufgabe. Er ging dabei sehr gewissenhaft zu Werke, studierte die Schulvorschriften und Schuleinrichtungen anderer Länder, insbesondere schenkte er dem preufsischen General-Landschulreglement für die römisch-katholischen Städte und Dörfer des souveränen Herzogtums Schlesien und der Grasschaft Glatz grofse Beachtung.

Hier hatte ein Zeitgenosse Brauns, Ignaz v. Felbiger, reformierend auf die Volksschulen seiner Heimat eingewirkt. Dieser begann seine Thätigkeit im Jahre 1763 in Sagan, indem er die Schulen nach dem Muster der von dem berühmten Gründer der Realschulen, Hecker, einem Schüler Franckes, geleiteten Berliner Volksschulen einrichtete. Seine Reformen in Sagan erregten die Aufmerksamkeit Friedrich des Grofsen, der ihn durch seinen Minister Schlaberndorf ersuchen liefs, für Schlesien und Glatz ein General-Landschulreglement auszuarbeiten. Von seinen pädagogischen Erfolgen hörte auch Maria Theresia, die ihn 1774 nach Oesterreich berief und zum Generaldirektor des Schulwesens für ihre Staaten ernannte. Felbigers Lehrbücher, Anordnungen und Einrichtungen, die wir später berühren werden, nahm sich Braun zum Muster. Auch seine Unterrichtsmethode deckt sich fast vollständig mit den Anschauungen Heckers und Felbigers, ja die Anlehnung Brauns ist so stark, dafs das von ihm verfafste Generalmandat und die Schulordnung oft wörtlich mit den von den erwähnten Reformatoren gegebenen Anordnungen übereinstimmt.

Die Fertigstellung der nötigen Schulbücher vollzog der Kanonikus zuerst, damit nach dem Erscheinen der kurfürstlichen Verordnungen die Reformen nicht durch den Mangel an nötigen Büchern aufgehalten würden. Schon am 20. April 1770 fanden die hergestellten Schulbücher die Genehmigung von seiten des Kurfürstl. Bücher-Zensur-Kollegiums.

Einige Monate später, am 3.*) Sept. 1770, erschien die Schulordnung der deutschen oder Trivialschulen. Dieselben wurden in drei untere und drei obere Klassen getheilt. Für die erste Klasse, in der die Schüler mit der Kenntnis und Aussprache der Buchstaben vertraut gemacht werden sollten, hatte Braun ein neueingerichtetes ABC, Namen- und Buchstabierbüchlein, verfafst, das eine Tabelle der grofsen und kleinen deutschen Buchstaben, sowie eine Erklärung derselben in Fragen und Antworten, ferner einen Abschnitt über die Aussprache der Buchstaben und über deren Kennzeichen enthält. Diesen Kapiteln reiht sich eine Tabelle der Silben an, die am leichtesten zu lesen sind. Als Zugabe folgen die grofsen und kleinen lateinischen Buchstaben, sowie die deutschen und römischen Zahlen.

Im zweiten Jahre wurde das Lesen und die Anfänge der Schreibkunst geübt, für welchen Zweck den Schülern ein ebenfalls von Braun verfafstes Lesebüchlein nebst Katechismus und Evangelium in die Hand gegeben wurden.

Was das Lesebüchlein betrifft, so sind den Leseübungen mit getrennten und ungetrennten Silben Regeln, wie man gut lesen lernt, in Fragen und Antworten abgefafst, vorausgeschickt. Die Lesestücke sind nur religiösen Inhalts. Hierauf gibt das Buch eine Anweisung über die Unterscheidungszeichen und deren Beobachtung beim Lesen. Sehr auffallend ist der folgende Abschnitt „von der Übung im Verse zu lesen". Selbst für die Schullehrer war dieser Abschnitt zu gelehrt, geschweige denn für die Kinder. Den Schlufs bilden die Abkürzungen.

Die Aufgabe der dritten Klasse bestand in der Erweiterung der Schreibübungen und in der Pflege der Schönschreibkunst. Für die Vervollkommnung in dieser Fertigkeit hatte Braun ebenfalls gesorgt, indem er die Schulen mit einem Regelbüchlein der Kalligraphie sowie mit den nötigen Tabellen versah. Die erste führt die deutschen und lateinischen Buchstaben vor, die wegen ihrer vielen Ecken und Verzierungen den Schülern grofse Mühe gemacht haben mögen. Diesen folgen die in der Druckschrift verwendeten Buchstaben. Die zweite Tabel'e gibt eine Übersicht der lateinischen Buchstaben und römischen Zahlen, während die dritte und vierte ganze Abschnitte in deutscher und lateinischer Schrift bieten.

---

*) Muggenthaler gibt in dem Jahrbuch für Münchener Geschichte, Bd. II S. 372, den 18. Sept. 1770 als den Tag der Veröffentlichung der Schulordnung an. Diese Behauptung ist irrig, vergleiche pragmatische Geschichte S. 17 und 25.

Hatten die Schüler sich mit diesen Elementen vertraut gemacht, so lernten sie in der vierten Klasse aus Brauns „kleiner Sprachlehre" die Regeln der deutschen Sprache kennen. Das Buch enthält einen Auszug seiner gröfseren Anleitung zur deutschen Sprachlehre Dasselbe bespricht in drei Abschnitten die Rechtschreiblehre, „Wörterlehre" und Wortfügung und ist ebenfalls in Fragen und Antworten abgefafst. Aber gerade dieser Regelkram und der Mangel an Übungen zur Erlernung der Regeln macht das Buch unbrauchbar für diese Stufe des Unterrichtes.

In den letzten zwei Klassen wurde Rechnen gelehrt und den Kindern eine kurze Anleitung zum Briefschreiben gegeben. Das zu letzterem Zweck verfafste Werkchen Brauns wird von dem Verfasser der Beiträge rühmend hervorgehoben. Es handelt in den ersten vier Kapiteln von der Briefkunst überhaupt, von den Vorteilen, gute Briefe zu schreiben, dann von der Einteilung und Einrichtung der Briefe, hierauf von dem in den Briefen zu beobachtenden Stil und der äufseren Form; der letzte Abschnitt enthält Musterbriefe. Die Anweisung zum Rechnen war nicht von Braun, sondern von einem gewissen H. Deutinger verfafst. Derselbe stellt auffallenderweise fünf Spezies auf, indem er auch das Zahlenschreiben für eine solche annimmt. Das magere Büchlein enthielt aufser den Elementen nur noch als Zugabe eine Anweisung zur Regeldetri. Aufserdem war für alle Klassen ein gründlicher Religionsunterricht vorgeschrieben.

Wenn auch den Kindern in dieser langen Schulzeit noch nicht besonders viel geboten war, so müssen wir doch die staatliche Feststellung eines Schulplanes, die Anbahnung einer Besserung der traurigen Schulverhältnisse mit Freuden begrüfsen und Brauns rastlose Bemühungen anerkennen.

Nach der Einteilung der Klassen legt die Schulordnung jeder Schul- und Ortsobrigkeit die Einführung neuer Schulbücher, sowie die Entfernung der alten und fehlerhaften ans Herz.

Da aber nur mit guten Lehrkräften der Schulplan gedeihliche Früchte tragen konnte, so wurde ferner bestimmt, dafs von jetzt an keine Lehrer mehr angestellt werden sollten, die nicht durch die Prüfung vor dem Geistlichen Rat ihre Befähigung zum Lehramt nachgewiesen hätten. Zur schnelleren Einführung der Schullehrer in den neuen Schulplan verfafste Braun nach dem Vorgang Felbigers zwei Bücher, von denen das eine die „Schulhalter" über die richtige Unterrichtsmethode, das andere über die Eigenschaften eines tüchtigen Schulmannes belehren sollte. Braun wollte, dafs den Schulen geschickte, gebildete Lehrer vorstünden, die sich ihrer Pflicht vollkommen bewufst wären und sie auch redlich erfüllten. Neben diesen Eigenschaften sollten sie aber auch Gottesfurcht, Frömmigkeit und Liebe zu ihrer saueren Arbeit, Geduld und Fleifs, Bescheidenheit und Sanftmut an den Tag legen.

Aufserdem richtete der Schulreformator nach den Vorbildern in Norddeutschland und in Wien bei dem Kollegiatstifte zu U. L. F. in München eine Musterschule ein, in der die zukünftigen Lehrer die richtige Unterrichtsmethode hören und sich darin auch praktisch üben sollten. Die Leitung dieser Schule wurde nach dem Tode des alten Stiftsschullehrers Winkler, der mit den neuen

Einrichtungen gar nicht zufrieden war, einem tüchtigen Manne, dem schon vorher durch Herausgabe seiner Gedichte*) bekannt gewordenen Ludwig Fronhofer übertragen.

Über die Ausführung der Vorschriften hatten die Beamten und die Schuloberen eines jeden Ortes zu wachen und „quartaliter" Bericht zu erstatten, zugleich mufsten sie für die Erhaltung des Ansehens der Lehrer Sorge tragen.

Um denselben auch eine bessere materielle Lage zu schaffen, sollte für die Schulhalter ein bestimmter Gehalt festgesetzt werden. Zur Ausmittelung einer ständigen Besoldung waren die Behörden beauftragt, Bericht zu erstatten über die Zahl der Schullehrer sowie über die der Schulkinder, über die Höhe der gegenwärtigen Einnahmen eines jeden Schulhalters, ferner über die Möglichkeit, ihm wenigstens in den Städten und Märkten freie Wohnung zu geben; endlich aus welchem Fonds man ihm ein hinreichendes Fixum gewähren könnte.**)

Zur Ergänzung und Einschärfung der gegebenen Verordnungen erschien am 5. Febr. 1771 ein zweites Generalmandat, in dem die Schulpflichtigkeit aller Kinder ohne Ausnahme sowie die Entrichtung des Schulgeldes (wenigstens von seiten bemittelter Eltern) angeordnet wurde. Ferner enthielt das Mandat Vorschriften über die Unzuläfsigkeit der Verwendung der Kinder zu Hantierungen vor zurückgelegter Schulzeit, über den Besuch der Christenlehre und der Schule von Seite der Handwerks-Lehrjungen.

Die Winkelschulen, d. h. solche, die sich der obrigkeitlichen Kontrolle entzogen, wurden auf das strengste untersagt und Hauslehrer nur unter der Bedingung geduldet, dafs sie nur Schulkinder, und zwar aufser der Schulzeit, unterrichteten. Den Eltern und Lehrern wurde wiederholt der Gebrauch der neuen Schulbücher anbefohlen.

Die Pfarrer wurden durch das Edikt beauftragt, die Schulen zu besuchen und den Schullehrern, die sich in den Plan nicht leicht finden könnten, die Lehrart zu erklären. Jedes Kloster, jeder Magistrat und jedes Gericht wurde zur Aufstellung eines tüchtigen Direktors sämtlicher Schulen veranlafst.

Diese Schuldirektoren waren gehalten, bei den Quartal- und bei den sonstigen Schulvisitationen zu erscheinen, der Schulkommission die allenfalls sich ergebenden Beschwerden zu eröffnen und über den Zustand und Fortgang der neuen Schuleinrichtungen jährlich wenigstens einmal, nämlich am Ende des Schuljahres, an die Kirchendeputationen jedes Rentamts und durch diese an den Geistlichen Rat zu berichten, oder auch Verbesserungsvorschläge zu machen. Die Rentmeister sollten bei ihren Umritten, ebenso die Kirchendeputations- und Geistlichen Räte, die Schulen besuchen.

Endlich wurde denen, welche die neue Einrichtung des Schulwesens verdächtigen würden, strenge Bestrafung angedroht.

---

*) Die Einleitung zu dieser Gedichtsammlung stammt von Heinrich Braun, der den Herausgeber rühmt, zur Hebung des Interesses für die Literatur in Bayern beigetragen zu haben. Zugleich feiert er ihn als den ersten in Bayern, der ein Bändchen deutscher Gedichte herausgegeben habe.

**) Die 10 zu dieser Zeit in München wirkenden Lehrer bekamen sofort aufser dem Schulgeld 60 Gulden als jährliche Zulage.

Nach Veröffentlichung des Lehrplanes und der Generalmandate erhob sich gegen diese Anordnungen ein gewaltiger Sturm. Die Antwort der Menge war es sei noch niemals so gewesen; sie schickte ihre Kinder weder in die Schule, noch verschaffte sie denselben die vorschriftsmäfsigen Schulbücher. Besonders die Bauern wollten nichts von der Unterweisung ihrer Kinder in den Elementargegenständen wissen, denn, sagten sie, „wenn wir lesen und schreiben lernen oder gar rechnen können, dann nimmt man uns zu „Zechpröbsten" und da hat mancher von uns seinen „Konto" nicht gefunden, sondern ist in grofsen Schaden gesetzt worden." Zudem fand die Menge eine grofse Stütze in ihrem Widerstande an der Geistlichkeit, die eindringlich vor dem Lutheranismus in den deutschen Namen- und Buchstabierbüchlein warnte und erklärte, die neue Schulordnung führe die Kinder zum Verderben.

Nicht weniger ungünstig nahm der gröfste Teil der von den Jesuiten erzogenen Beamten die Reform der Volksschule auf. In dasselbe Echo stimmten die Bürgermeister und Ratsherrn ein, die, wie der Verfasser der Beiträge bemerkte, „fürchteten, es möchten ihre Kinder klüger werden als sie selbst." Ebenso stand die Roheit der Schulmeister den Bestrebungen der Staatsregierung als ein grofses Hindernis im Wege.

Fast in allen Kreisen erhoben sich somit Gegner der Schulreform, da man einerseits den Sinn für die Förderung der Volksbildung verloren hatte, andererseits in jeder Neuerung eine Gefährdung des Glaubens befürchtete. Treffend sagt hierüber der Verfasser der Beiträge: „Man unterliefs nicht in Refektorien und auf „Kugelstätten", in Märzenkellern und Sakristeien, in Predigten und auf dem Kräutlmarkte, in Kanzleien und bei den Bierzapfern, das ist aller Orten, über die Schulreformation zusammenzuschreien und sich vor dem leidigen Lutheranismo in den deutschen Namen- und Buchstabierbüchlein zu fürchten."

Durch diese Umstände bewogen, erliefs der Kurfürst am 25. Juni 1771 ein neues Edikt, welches die Vorschriften über die Ausführung der neuen Schulordnung einschärfte, den Eltern, die ihre Kinder nicht in die Schule schickten oder denselben die nötigen Bücher nicht verschafften, mit Strafen drohte; Arme sollten die Bücher unentgeltlich erhalten. Aufserdem wurde die Entfernung der alten und im Ausland gedruckten Schulbücher und die Einführung der vorgeschriebenen Lehrmethode angeordnet, Schulpreise festgesetzt und verfügt, dafs jeder Schullehrer vor seiner Verwendung in München geprüft werden und den auswärtigen für ihre Hin- und Herreise und für ihre Verköstigung in München täglich 30 kr. als Entschädigung gegeben werden sollten. Endlich wurde den Bewohnern der Dörfer anstatt sechsklassiger Schulen dreikursige bewilligt.

Die Kosten der jährlichen Schulpreise, die Entschädigungssumme für die zu prüfenden Lehrer, sowie die Erhöhung ihrer Besoldung veranlafsten die Regierung, einen Schulfonds zu bilden. Einen Grundstock dazu bildeten 1000 fl. Kirchengelder, die jedes Jahr in die Schulkasse flossen. Diesen vermehrte die Landschaft (Landslände) in Bayern, die 1000 fl. jährlich beisteuerte. Auch der Kurfürst gab jährlich 600 fl. zu dem schönen Zweck. Aus diesem Fonds erhielten schon 1771 die zehn zu München wirkenden Lehrer eine jährliche Zulage von 60 fl., während der Normalschullehrer am Marienstift für den Unterricht der Landschulmeister 300 fl. empfing.

Nach dem Muster der Münchener Normalschule sollten die in den Städten mit Regierungssitzen und Gymnasien befindlichen Schulen eingerichtet werden, und zu diesem Zweck wurden eigene Lokalschulrektoren aufgestellt, denen man später auch die Prüfung der anzustellenden Lehrer ihres Bezirkes übertrug.

Diese Rektoren sollen nach der Versicherung des Verfassers der pragmatischen Geschichte sich viele Mühe gegeben haben, damit wenigstens in ihren Bezirken die neue Schuleinrichtung einen gedeihlichen Fortgang nehme. Besonders die Schulrektoren von Amberg (Bergler), Burghausen (Sutor), Landsberg (Gsöll), Landshut (Rapp) und Straubing (Hutter) waren für die Hebung der Schulen thätig.

Für die Münchener Schulen fand Braun abgesehen von Fronhofer einen zweiten geschickten Mitarbeiter in der Person des bekannten Anton Bucher, eines jungen Geistlichen, dem er die Direktion der deutschen Schulen in der Hauptstadt übertrug. Dieser nahm unentgeltlich die mit vielen Unannehmlichkeiten verknüpfte Schulleitung auf sich und wufste nach und nach die Eltern und Schullehrer mit den neuen Verhältnissen zu befreunden. Durch ihn ward es möglich, dafs schon im Jahre 1772 öffentlich auf dem Rathause aus den neuen Schulbüchern examiniert werden konnte. Die Prüfung schlofs mit einer feierlichen Preisverteilung. Die Preise waren silberne Medaillen, welche Kurfürst Max Joseph III prägen liefs. Die Vorderseite dieser Denkmünze zeigt das Brustbild des Kurfürsten mit der Umschrift Max III. Boi. dux et elector; die Rückseite schmückte das Bild der Weisheitsgöttin Minerva mit der Umschrift: Merentibus und der Legende: Scholis German. Restaurat. 1772. Viele Väter wurden durch den öffentlichen Akt, sowie durch die von Bucher bei dieser Gelegenheit gehaltene Rede „von dem Vorzug der öffentlichen Schulen vor dem Privatunterricht" für die neue Ordnung gewonnen.

Nicht weniger aber als die Rede Buchers trug zum Umschlag der öffentlichen Meinung eine Abhandlung Brauns „über die Gegenstände, die in den deutschen Schulen Münchens gelehrt werden," bei. Diese liefs der Kanonikus während der Prüfung an die Anwesenden verteilen, damit sie sich selbst von der Unschädlichkeit der Schulreform überzeugen und über deren Nutzen ein Urteil bilden könnten. Er betont in dem Schriftchen, die vorzüglichste Aufgabe der Schulen sei, die Kinder zu rechtschaffenen Christen, guten Bürgern und brauchbaren Leuten zu erziehen. Darauf gibt er die Methode des Unterrichts und das Lehrziel der einzelnen Klassen an. Ausführlich verbreitet er sich über den Religionsunterricht. Diesem Bericht läfst er noch Vorschriften über das gesellschaftliche und bürgerliche Leben folgen, zeigt der Jugend, wie sich ein guter Bürger gegen seinen Landesherrn verhalten müsse, und zeichnet kurz die Haupteigenschaften eines guten Unterthanen. Am Schlusse empfiehlt er der Jugend Sitte und Anstand und belehrt sie über das Verhalten in Gesprächen und bei Vergnügungen.

Durch die Bemühungen dieses Triumvirats von Schulmännern war wenigstens in der Hauptstadt ein wesentlicher Schritt zur Besserung gemacht. Es war eine bedeutende Errungenschaft, dafs man auf dem Rathause aus den neuen Schulbüchern öffentlich examinieren konnte und durfte, ohne von dem geistlichen und weltlichen Pöbel „verlutheranisiert" zu werden, cf. Beiträge 154. Es liefsen sich somit bei ruhiger Entwicklung der neuen Einrichtungen auch auf dem Lande erfreuliche Resultate erwarten, besonders wenn die Schulhalter mit der neuen Lehrmethode durch den Besuch der Normalschulen vertraut gemacht waren.

Die Einweihung in diese Methode war um so weniger schwierig, als Braun in all seinen Schulbüchern klar und deutlich darüber praktische Anleitungen gegeben hatte. Da dieselbe für den weiteren Verlauf der Darstellung wichtig ist, so soll sie nun kurz dargelegt werden.

Leseunterricht. Braun will im Gegensatz zu der bisherigen schwerfälligen Methode den Kindern den ersten Unterricht leicht machen und verlangt folgendes Verfahren bezüglich der Unterweisung in die Buchstabenlehre: Das Kind nehme die Buchstaben-Tabelle zur Hand, während der Lehrer auf eine schwarze Tafel die zu erlernenden Buchstaben vorschreibe, deutlich ausspreche und die Kinder insgesamt nachsprechen lasse. Seien auf diese Weise die Buchstaben gelernt, so solle der Lehrende auf die unterscheidenden Merkmale aufmerksam machen: er zeige den Kindern die Buchstaben mit einem Hauptstrich, hierauf die mit zwei und endlich die mit mehr als zwei Hauptstrichen. Auch seien die Kinder auf die Gaumen-, Lippen-, Zähne- und Zungenlaute aufmerksam zu machen. Der Reformator betont den Zusammenunterricht und legt dabei auf die Buchstabentabelle, wodurch das Kind die Buchstaben stets vor Augen habe, grofsen Wert. Dieselbe Methode der Buchstabenlehre empfiehlt auch Felbiger, der beim Unterricht auch Tabellen gebrauchte und das Zusammenunterrichten der Kinder verlangte. Hinsichtlich des Buchstabierens erhebt sich Braun über Felbiger und natürlich auch über die alte Methode. Er will nicht, dafs die Kinder allzulange mit dem Buchstabieren geplagt werden, sondern wünscht, nachdem dieselben ein und das andere Wort buchstabiert haben, zum Aussprechen der Silben und Wörter überzugehen. Sie sollen z. B. nicht mehr a—u—f (auf) oder A—b—t (Abt) buchstabieren, sondern gleich anfangs „auf" „Abt" sprechen; das gleiche Verfahren soll bei den Silben eingehalten werden. Man sage nicht mehr E—n (En) d—e Ende, sondern En—de. Nach Einübung etlicher Silben solle der Schüler sein Lesebüchlein in die Hand nehmen und die gelernten Silben aufsuchen und eingehend mit den Buchstabierregeln bekannt gemacht werden. Seien nun die Silben gut geübt, dann schreite man zum Lesen, wozu sich ebenfalls der Zusammenunterricht gut empfehle. Freilich müsse man die Schüler zur Ermittelung ihrer Fehler einzeln lesen lassen. Zum Schlusse mahnt Braun noch eindringlich, die Kinder zum guten Lesen anzuhalten.

Schreibunterricht. Wie beim Lesen gehe man auch beim Schreiben vom Leichteren zum Schwierigen über; zuerst lehre man die Hauptstriche der Buchstaben schreiben und zwar so, wie einer aus dem andern entstehe. Den Anfang machen in jeder Schrift die kleineren Buchstaben mit ihren Verbindungen, alsdann die grofsen. Hernach folgen Silben, zuletzt die Wörter. Von den Schriften sei zuerst die Kurrentschrift, dann die Kanzleischrift, endlich die lateinische zu üben. Gleich anfangs gewöhne man die Schüler an eine richtige Federhaltung und Körperstellung und mache sie mit den nötigen Schreibregeln bekannt. Über den Schreibunterricht selbst gibt Braun folgende Anweisung: „Man zeichne entweder mit einer sehr blassen oder roten Tinte die Buchstaben

den Anfängern vor, oder man mache nur kleine Punkte und lasse die Anfänger
mit tiefschwarzer Tinte nachfahren und über die vorgezeichneten Buchstaben
wegschreiben. Nach dieser Übung schreibe man ihnen einige Zeilen von gleichen
Buchstaben oder Silben vor; jedoch rücke man diese Zeilen so weit von einander,
dafs jederzeit eine Zeile dazwischen geschrieben werden kann. Hierauf sollen die
Schüler diesen Raum durch Nachschreiben der Vorlage füllen." Um die Schüler
an das Geradeschreiben zu gewöhnen, empfiehlt Braun Linienblätter, welche
die Gröfse des zu beschreibenden Papiers haben und so viel dicke Linien enthalten müssen, als es Zeilen werden sollen; neben diesem dicken Strich sollen
kleinere Linien zwischen jeder Zeile gezogen werden, welche die Höhe und Tiefe
der Buchstaben andeuten. Sollte aber ein Lehrer statt der Linienblätter die
Linien selbst vorziehen, so rät Braun den Gebrauch eines Rähmchens, in dem
eben so viele genau von einander abstehende Querhölzer befestigt sind, als Zeilen
gewünscht werden. Jedoch sei es gut, die Schüler möglichst bald ohne Linien
schreiben zu lassen und zwar das Oktavformat dabei zu benützen. Zur Erleichterung der Korrektur gibt der umsichtige Reformator den Lehrern ein sehr
einfaches, aber praktisches Mittel an die Hand. Um die Fehler gegen die Gleich-
heit der Buchstaben zu zeigen, bediene sich der Lehrer eines Hornblattes oder
durchsichtigen Papiers, auf welchem Linien in der Entfernung und Schräge gezogen sind, welche die Zeilen und Buchstaben haben sollen. Dieses Blatt dürfe
der Lehrer nur über die Schrift des Schülers halten und gehörig richten; sofort
werde der Fehler sich zeigen. Ausserdem solle auch der Lehrer diktieren und
sehen, ob die Schüler auch ohne Vorlage hübsch zu schreiben im stande seien.

Unterricht in der Orthographie und in der Sprachlehre.
Noch weit wichtiger als die Kalligraphie war dem Kanonikus die bisher sehr
vernachläfsigte Orthographie und er setzte dafür 2 halbe Übungsstunden fest.
Da aber ohne die vorhergegangene Erlernung der Regeln der Sprachlehre ein
Verständnis für dieselbe nicht möglich sei, so solle es eine Hauptaufgabe der
Schule sein, die Schüler in die Deklinationen und Konjugationen einzuweihen.
Zugleich werden den Lehrern eine Reihe von Winken zur Erzielung eines guten
Resultates an die Hand gegeben; z. B. empfiehlt Braun den Lehrern einen
unkorrekt geschriebenen Absatz verbessern zu lassen; oder auch den Schülern
zu diktieren und hernach eine sorgfältige Korrektur vorzunehmen. Mit Recht
betonte Braun die Übungen mit ähnlich lautenden Wörtern wegen des grofsen
Nutzens für die gründliche Kenntnis der Sprache.

Unterricht im Rechnen und im Briefstil. Hinsichtlich
des Rechnens fafst er sich kurz und gibt nur das Ziel an, das der Elementar-
schule hierin gesteckt ist. Es sei auch hier der Zusammenunterricht geboten
und dasselbe Verfahren wie bei dem Unterricht in der Sprachlehre und Orthographie einzuhalten.

Wichtiger scheinen ihm die Übungen im Briefschreiben zu sein, über die
er sich eingehend verbreitet. Er verweist die Lehrer auf seine Anleitung, die
ihnen deutlich die zu beobachtende Methode angibt. Die Briefe sollen stets den
Begriffen und dem Alter der Schüler angemessen sein. Für dieselben seien solche
an Lehrer, Eltern, Befreundete und Wohlthäter am geeignetsten. Er warnt be-

sondern davor, die Kinder mit zu vielen Regeln zu überhäufen, empfiehlt dagegen zahlreiche Übungen, die weit nützlicher seien als allzuviel Theorie.

Da Braun den christ-katholischen Standpunkt im Unterricht vor allem betont, so ist es leicht erklärlich, dafs in seinem Unterrichtsplan dem Religionsunterricht eine hervorragende Stellung eingeräumt ist. Aber auch hierin bricht Braun mit der alten Methode; er will keinen mechanischen Gedächtniskram, sondern das Gelehrte soll auch von den Kindern verstanden werden. Als Lehrziel der ersten Klasse bestimmte er die leichtesten Stücke des Schulkatechismus, während er den Stoff für die zweite schon über die 5 Hauptstücke ausdehnte. Die dritte Klasse war zur Repetition und Vertiefung des Gelernten bestimmt. Daran reihte sich in der vierten Klasse die Einführung in die Sonn- und Festtagsevangelien, während die Aufgabe der fünften in der Erklärung derselben bestand. In der letzten wurden die Pflichten gegen Gott, gegen den Nächsten und gegen sich selbst gelehrt.

Mit der Bildung des Verstandes soll aber auch die des Herzens, die Einprägung guter Grundsätze, die Erziehung zu einer anständigen Lebensart, Ehrlichkeit, Rechtschaffenheit und Wahrheitsliebe Hand in Hand gehen. Zur Erreichung dieses Zieles gibt Braun den Lehrern eine Reihe wichtiger Vorschriften. Dieselben sollen sich vor allem das nötige Ansehen verschaffen, aber Mafs und Ziel beim Strafen beobachten, zwischen Fehlern des Willens und des Verstandes wohl unterscheiden. (cfr. Plan der neuen Schuleinrichtung in Bayern von H. Braun.)

Da der Reformator durch sein klares System den bisherigen, unfruchtbaren Schulbetrieb verbessert, Ordnung in der Lehrmethode, ein Aufsteigen vom Leichteren zum Schwierigeren, ferner die Vereinigung der religiösen Erziehung mit der Ausbildung der übrigen Seelenkräfte des Kindes angebahnt hatte, so hätte sich erwarten lassen, dafs er von allen, von Geistlichen und Weltlichen, auf das kräftigste zur Hebung der Schulen unterstützt würde.

Aber sowohl seine Lehrbücher als auch seine Lehrmethode, besonders die Lesemethode, fanden nicht bei allen Ständen gute Aufnahme. Es erwuchsen daraus für Braun viele Verdriefslichkeiten, welche die Lust und den Eifer, ein so schwieriges Geschäft wie die Schulreform, in richtigen Gang zu bringen, benehmen mufsten.

Da der Klerus den Absichten Brauns abhold war, indem ein grofser Teil desselben der Meinung war, seine Neuerungen führten zum Luthertum, so suchte er jede Gelegenheit zu benützen, Brauns Beginnen zu verdächtigen.

Einen solchen Anlafs sollte demselben der kleine Katechismus bieten, den Braun gereinigt von orthographischen und sprachlichen Fehlern herausgab. Die Geistlichkeit der Regensburger Diöcese machte es sich zur Aufgabe, etwaigen Fehlern nachzuspüren, wodurch man Brauns mächtige Stellung erschüttern könnte. Und wirklich entging es ihren Augen nicht, dafs der Herausgeber des Katechismus unter andern unwesentlichen Änderungen statt „ich glaube in Gott" „ich glaube an Gott" schrieb. Der Bischöfliche Geistliche Rat Kleierl berichtete darüber dem Bischöflichen Konsistorium zu Regensburg, das dann die Änderungen betreffs des Inhaltes dem Geistlichen Rat in München mitteilte. Dem

Kanonikus war es ein Leichtes, sich hierüber vor dem Rate zu verantworten. Er wies einmal darauf hin, dafs in den ältesten katholischen Bibeln, z. B. von Eck, Dietenberger das Wörtchen „an" gebraucht wäre, dann machte er darauf aufmerksam, dafs es nicht Deutsch sei zu sagen, „ich glaube in Gott"; denn man dürfe nur für das Substantivum ein Pronomen setzen, um den Sprachfehler zu erkennen. Durch diese zwingenden Gründe wurden die Ratsmitglieder von der Richtigkeit der Braunschen Schreibweise überzeugt, und somit fand die Streitfrage für jetzt ihre Erledigung.

Um weitere Verlegenheiten zu vermeiden, machte Braun den Vorschlag, je ein Exemplar der Katechismen und Evangelien an alle benachbarten Ordinariate und an zwei Universitäten zu senden mit der Bitte, die Bücher dort zu prüfen. Sollten noch Änderungen nötig sein, so möchte man ohne Zögern darüber berichten. Im anderen Falle aber möchte als Zeichen der Billigung die bischöfliche Approbation geschickt werden.

Die Ordinariate von Augsburg, Bamberg, Eichstätt, Passau, Regensburg erklärten sich einverstanden, ebenso die theologische Fakultät von Salzburg und Ingolstadt. Alle diese Approbationen liefs nun Braun den für die Schulen bestimmten Katechismen und Evangelienbüchern vordrucken. Auffallend war nur, dafs von dem nächsten Bischofssitze, Freising, keine Approbation einlief. Hier war, wie wir oben schon sahen, Braun keine persona grata. Vorläufig aber ruhte der Streit, niemand erwartete mehr eine Gegenerklärung.

Erst im Jahre 1780 sollte aus dem Schofs des Geistlichen Rates selbst ein Mitglied, Joh. Nep. Neusinger, Pfarrer bei dem heiligen Geistspitale in München als Gegner auftreten. Warum derselbe erst jetzt gegen Braun kämpfte, kann aus den darüber vorhandenen Nachrichten nicht erwiesen werden. Mag ein persönlicher Grund oder theologische Verranntheit schuld gewesen sein, uns genüge die Thatsache, dafs derselbe plötzlich eines Sonntags des Jahres 1780 in einer Christenlehre seinen Zuhörern gegenüber den Ausdruck „ich glaube an Gott" für ketzerisch erklärte und seine Verwunderung über die Approbation der Ordinariate aussprach, dagegen sein Lob dem Bischofe von Freising zollte, der die Zustimmung verweigerte.

Er liefs diese Christenlehre unter dem angeblichen Orte Prag drucken, um seine Ansichten über die Religionsverfälschung in weiteren Kreisen bekannt zu machen.

Braun, der in diesem Schriftchen rundweg ein Ketzer genannt wird, verfafste zu seiner Rechtfertigung eine Abhandlung, in der er untersuchte, ob man im katholischen Glaubensbekenntnis „ich glaube in Gott" oder „an Gott" beten soll. Obwohl er mit zwingenden Gründen den Beweis für die Richtigkeit seiner Ansicht führte, so liefs sich sein Gegner nicht belehren, sondern veröffentlichte, freilich anonym, eine zweite Schrift: consultum theologicum super quaestione, utrum in germanico idiomate nunc liceat loco „glaub in Gott orare glaub an Gott." A Don Abbate Joanne de Prawata S. S Theol. Doctore et Prof. emerito editum anno 1781 cum approbatione facultatis theologicae Pragae.

In dieser Schrift trat er mit den lächerlichsten Beweisen für seine Ansicht ein. Er führte die romanischen Sprachen ins Feld, die alle „in" haben. Sogar der hl. Augustin wird als Autorität angeführt. Nach Neusingers Meinung heifst „an Gott glauben" so viel als „einen Gott glauben," was auch der Teufel thut, dagegen sei „in Gott glauben" die fides formata und hiefse soviel wie Gott lieben. Er nannte Braun einen daemon Germanicus, der dieses Unheil, die Ungleichheit in dem deutschen Glaubensartikel mit denen der andern Völker geschaffen habe. Zuletzt wandte er sich auch gegen die Bischöfe, die durchaus keine Vollmacht hätten, in den Evangelienbüchern etwas zu ändern.

Zum Glücke predigte dieser Pfarrer nur tauben Ohren; die Ordinariate erkannten, dafs Braun mit dieser Änderung einen glücklichen Wurf gethan habe, und hielten dieselbe aufrecht.

Es wirft diese Erscheinung ein eigentümliches Licht auf die damalige Geistlichkeit und ihre Erzieher, die Jesuiten. Es zeigt deutlich, dafs dieselben ihren eigentlichen Berufszweck, die Heranbildung eines besseren, mehr unterrichteten Klerus vollständig verfehlt haben. Für Braun andererseits mufsten die beständigen Angriffe von seiten des Klerus sehr kränkend sein, da er sah, dafs seine Bestrebungen verkannt und ihm antikirchliche Motive dazu untergeschoben wurden. Ihm war es blofs um eine Besserung der Volksbildung zu thun.

Ich mufste, um die Streitfrage in ihrem ganzen Umfang zu behandeln, ein Faktum erwähnen, das erst in späterer Zeit fällt. Ich will nun zur früheren Periode zurückkehren und die Vorfälle schildern, welche in das Schulwesen ändernd eingriffen. Die Verbesserungen auf dem Schulgebiet regten auch weitere Kreise an, über einfache fruchtbare Lehrmethoden nachzudenken; dabei kam es, dafs sich sogar gegen die eben erlassenen Lehrvorschriften der Sturm erhob. Einem solchen Angriff sollte auch die Buchstabiermethode Brauns ausgesetzt werden. Wie Felbiger hatte Braun die alte Lesemethode beibehalten, jedoch ihr einige Verbesserung angedeihen lassen, wie wir oben sahen Aber auch in ihrem jetzigen Zustand wurde sie nicht allenthalben als vorteilhaft angesehen. Wie man in dieser Zeit daran ging, in allen Disziplinen einen bequemeren Unterrichtsbetrieb eintreten zu lassen, so auch hier. Bereits im 16. Jhrh. machte sich eine Strömung gegen die das Lesenlernen ungemein erschwerende Methode geltend. Valentin Ickelsamer, ein begeisterter Freund des Bilderstürmers Karlstadt, verwarf in seiner (1527) verfafsten deutschen Grammatik diese Methode. Gegen diese erhoben sich aber noch mehr Stimmen im 17. Jhrh. und wiesen darauf hin, dafs man vom Lautwert des Buchstabenzeichens ausgehen müsse. Besonders Hecker, Heinecke und der Kreis der Philanthropisten beschäftigten sich viel mit der Hebung des Leseunterrichts in diesem Sinne. Freilich wogte der Kampf der Meinungen noch geraume Zeit, bis die Lautiermethode zu Anfang unseres Jhrh.*) siegreich durchdrang. In

---
*) Zwei bayerische Schulmänner waren es, die sich um die Förderung der Lautiermethode verdient machten. Der eigentliche Schöpfer dieses Lesesystems ist Heinrich Stephani (1761—1850) Schulrat in Augsburg. Fast gleichzeitig und in gleicher Richtung wirkte Joh. Bapt. Graser (1766—1841) Kreis-

Bayern hat ein Hofmusikus zu München, Namens Hofmann, das Verdienst, die leichtere Methode (Lautiermethode) angeregt zu haben.

Hofmann erkannte beim Unterrichte seiner Kinder die Unfruchtbarkeit der Buchstabiermethode. Er suchte deshalb auf einem leichteren und kürzeren Wege ein besseres Ziel zu erreichen. Er kam auf die Lautiermethode, mit der er sowohl bei fremden, als auch bei seinen eigenen Kindern die besten Erfolge erzielte. In 30 bis 40 Stunden hatte er es soweit gebracht, dafs dieselben, wenn auch langsam, regelmäfsig lesen konnten. Diese gute Wirkung seiner Methode machte in ihm den Wunsch rege, durch dieselbe den schlecht beschaffenen Volksschulen aufzuhelfen. Schon fing er an, über den Plan nachzudenken, wie seine Methode für die öffentlichen Schulen nutzbar gemacht werden könnte, als der Braun'sche Schulplan 1770 mit den dazu gehörigen ABC-, Namen-, Buchstabier- und Lesebüchern erschien. Da Hofmann aber in demselben keine wesentlichen Verbesserungen der Lesemethode antraf, so entschlofs er sich, um eine Vereinigung seiner Methode mit dem neuen Plan zu erzielen, sie von Fachleuten prüfen zu lassen. Nach dem Verfasser der Beiträge wandte er sich zuerst an Braun, der ihn aber sehr unfreundlich abgewiesen haben soll.

Uns scheint diese Behauptung des Gewährsmannes nicht wahr zu sein. Denn Hofmann hätte in seinem Werkchen über seine Lesemethode von dieser rücksichtslosen Behandlung seitens Braun Erwähnung gethan, da er ja sonst alles, was er gegen Braun vorbringen konnte, berichtet hat. Er sagt in der Vorrede zu seinem Büchlein: „Ich eröffnete meine Gedanken weisen und rechtschaffenen Männern." Wer die Personen waren, läfst sich nicht bestimmen. Dieselben fanden sein System gut und trugen die Sache dem Minister vor. Dieser liefs Hofmann am 10. August 1772 rufen, hörte seine Grundsätze an und befahl, im Münchener Rathause einen Versuch mit 5 Waisenkindern zu machen. Der Hofmusikus hatte einen durchschlagenden Erfolg; denn in der Zeit vom 20. August bis 12. September brachte er die Kinder so weit, dafs sie in jedem Buche, das man ihnen vorlegte, lesen konnten.

So berichten Hofmann und der Verfasser der Beiträge. Uns aber scheint dieser Erfolg etwas übertrieben zu sein; denn ein solches Resultat erzielt nicht einmal die heutige Schule mit ihrer anerkannt guten Lesemethode. Es müfste denn sein, dafs nur talentvolle, vielleicht auch schon mit der Kenntnis der Buchstaben vertraut gemachte Kinder diesen Kurs besuchten. Über die Fähigkeiten und über das Alter derselben finden wir in den Quellen keine Silbe. Als Kommissäre fungierten der Revisions- und Geistliche Rat von Steeb und der Kurfürstliche Rat und Kanonikus Kohlmann.*) Braun aber, der doch im Geistlichen Rat das Referat über Schulsachen allein hatte, war nicht in die Kommission gewählt.

Es hatte sich nämlich unter den Geistlichen Räten im Jahre 1772 eine Strömung gegen Braun geltend gemacht. Dazu kam noch, dafs sein Gönner,

---

Schulrat in Bayreuth. Dieser ging aber noch einen Schritt weiter und drang darauf, dafs von vornherein das Schreiben mit dem Lesen in engster Verbindung gelehrt werde. Er wurde dadurch Urheber der Schreib-Lesemethode.

*) Der Verfasser der pragmatischen Schulgeschichte schreibt „Kohlmann,“ dagegen bei Westenrieder finden wir „Kollmann“.

der Minister Baumgarten, (1772) gestorben war. Derselbe wufste die Anträge Brauns beim Kurfürsten stets durchzusetzen; andererseits hielt er die Mitglieder des Rates, welche mit Neid auf die hohe Stellung Brauns blickten, im Zaume. Nun wurde es anders. Sofort wurde Braun von dem neuen Kurfürstlichen Geistlichen Ratspräsidium v. Spretti ein Kommissär in der Person des Herrn v. Steeb zur Seite gesetzt.

Ohne sich um Braun zu kümmern, wählte der Geistliche Rat die Obengenannten als Schiedsrichter. Nach Ablauf der Probelektionen berichteten diese die Vorzüge der Hofmannschen Methode an den Kurfürsten, der dem Hofmusikus seinen Beifall spendete und ihm befahl, noch einen Versuch in einer andern Schule zu machen, um zu zeigen, ob seine Methode sich auch für den Zusammenunterricht eigne. Hofmann ging darauf ein, und hielt einen Kursus in Feldaffing ab, an dem sich nur Landkinder beteiligten. Derselbe begann am 26. Oktober 1772 und endete am 26. November desselben Jahres. Auch dieser Versuch soll ein glücklicher gewesen sein. Über diesen Kursus erfahren wir aber aus der Vorrede der Hofmannschen Lesemethode, dafs die Kinder schon mehr oder weniger im Lesen vorgeschritten waren. Demzufolge war auch dieser Versuch nicht so bedeutungsvoll, als ihn die Kommission erklärte, die einen ausführlichen Bericht darüber an den Kurfürsten sandte. Daraufhin ordnete derselbe durch einen Erlafs vom 24. Dezember 1772 die allmähliche Einführung dieser Methode an. Es wurde sodann hierüber eine geheime Beratung gehalten, in der sich v. Steeb über das System äufsern sollte. Zuvor aber ermahnte der Minister, vorsichtig zu Werke zu gehen, um nicht eine neue Verwirrung durch die Abänderung des eben befohlenen Schulplanes anzurichten, und schlug vor, Braun zur Konferenz zu berufen und seine Meinung zu hören. Auf diese Einladung hin erschien auch Braun, der nach Beendigung des Vortrags des Herrn v. Steeb aufgefordert wurde, sich zu äufsern, welche Stellung er zu dieser Angelegenheit nähme. Daraufhin erklärte er, es sei wohl Hofmann möglich, nach seiner Methode so erfolgreich zu unterrichten; aber anders werde sich die Sache gestalten, wenn die noch rohen Landschullehrer diese Lehrweise beobachten sollten, statt Fortschritt werde Rückschritt eintreten.

Die Ansicht Brauns hatte einen neuen Beschlufs zur Folge, dahin lautend, Hofmann sollte unter Aufsicht eines Kurfürstlichen Kommissärs den Schullehrern der um München liegenden Dörfer Schwabing, Neuhausen, Sendling und Au seine Lehrmethode beibringen. Darauf ging nun Hofmann nicht ein, denn er wufste, dafs die Landlehrer keine Freunde seiner Methode seien. Hatten sich ja jene, die sich auf Hofmanns Einladung hin bei seinem Lehrversuch mit den Waisenkindern einfanden, wie er selbst sagt, nach einigen Minuten wieder entfernt. Aufserdem wurde obenerwähnter Beschlufs auf Antrag seines Gegners gefafst und wahrscheinlich Braun als Kommissär aufgestellt. Er bat deshalb um eine andere Kommission, vor welcher er seine Lehrmethode in Gegenwart aller derer, die Zuhörer sein wollten, vortragen werde. Man willfahrte Hofmann und bestimmte zu Kommissären den Hofrath v. Aichberger und den Kanonikus Kohlmann. Als Schulmänner sollten Braun, Kennedy und vier Jesuiten an der Kommission teilnehmen. Braun erschien aber nicht.

Nach Beendigung der Prüfung entschieden die Mitglieder, die Hofmannsche Lesemethode eigne sich sehr wohl zum Privatunterricht, aber empfehle sich nicht für die öffentlichen Schulen.

Der Verfasser der Beiträge schiebt der Kommission bei ihrer Entscheidung unedle Motive unter. „Die Jesuiten", sagt er, „erkundigten sich, wer dermalen die stärkere Partei für sich hätte". Die zwei gröfseren von ihnen, wahrscheinlich P. Leekard und Steiner, sahen einen Geistlichen Rat und einen Hofmusikanten wider einander, verstunden die Sache — und sagten, was der Herr Professor Kennedy voraussagte, dafs die Methode zum Privatunterricht gut sein möchte, nicht aber zum öffentlichen. Noch kräftiger spricht er sich weiter unten aus. „Hofmann konnte nicht recht haben, weil er nur Hofmusikant war. Man mufs in Bayern zuweilen den akademischen Gradus haben, wenn man sich auf seinen Verstand etwas versprechen will; oder wenn man etwas ausführen will, Ratesrang".

Mir scheint, der Verfasser der Beiträge hat die Sache nicht leidenschaftslos betrachtet. Wenn man das damalige Lehrermaterial in Bayern näher ins Auge fafst, von dem der gröfste Teil oft nicht die geringste Vorbildung zum Amte mitbrachte, wenn man ferner bedenkt, wie ungern solche ungebildete Leute von dem Althergebrachten abliefsen, was sie ja dadurch bewiesen, dafs sie Hofmanns Unterrichtsversuche schon während der ersten Stunde verliefsen: so war es für die Kommission nicht leicht, einen andern Entscheid zu geben. Ebenso ist es höchst zweifelhaft, ob die Jesuiten bei ihrer Entscheidung für Braun Partei nahmen; denn dieselben zählten, wie wir schon des öfteren sahen, nicht zu seinen Freunden. Aufserdem waren in der Kommission auch noch Nicht-Jesuiten, die jedenfalls, zumal Kohlmann, ein Gegner Brauns, ihre Ansicht gegen ein einseitiges Vorgehen der Jesuiten geltend gemacht hätten.

Interessant ist das Urtheil Herders, eines objektiven Beobachters der Sache. Er rühmt in einem Brief (2. Jan. 1774) an den Baron von Leyden, Hofmanns Gönner, der ihn um ein Urteil über die neue Methode angeht, das System, aber verhehlt auch die Schwierigkeiten der Einführung nicht, indem er sagt: „Die Lehrart will, wenn ich so sagen darf, einen um so intensiveren Fleifs von Lehrers und Schülers seiten, je mehr der schleppenden Extensivdauer damit abgehen soll — und das ist freilich nicht jedermanns Ding. Der Lehrer mufs gleichsam mit Hand und Mund oder vielmehr gegenwärtigem Kopfe und und Mund vor-, der Schüler mit Auge und Mund nacharbeiten, und der Anstrengungen sind die Lehrer beim A-B-C nicht gewöhnt, sie'lallen als Maschinen einer unerweckten Maschine vor, und dann wird allerdings Hofmanns Methode nicht blos unwirksam, sondern auch verderblich." An einer anderen Stelle sagte er: „Sollten ungeschickte Subjekte sich darnach modeln wollen, blofs weil sie Norm ist, so glaub' ich, wäre fast der vorige Schlendrian besser".

An diesen Schwierigkeiten mufste auch nach der Ansicht Brauns die Einführung der Methode scheitern. Braun, der sich seit 2 Jahren mit der Reform der deutschen Schulen beschäftigt hatte, wufste sicherlich besser als jene Ratsmitglieder, die Hofmanns Methode um jeden Preis eingeführt haben wollten, wie unmöglich dies bei den damaligen Zeitverhältnissen war. Man mufste froh sein, wenn die neuen Forderungen nur einigermafsen erfüllt wurden. Auch später sahen ehemalige Freunde Hofmanns ein, dafs die Zeit für die Methode in Bayern noch nicht da sei.

Braun, dem durch die Aufstellung eines zweiten Schulkommissärs die einheitliche Leitung der Schulen genommen war, durch die allein ein Resultat erzielt werden konnte, sah ein, dafs zur Aufrechterhaltung des Friedens bei den obwaltenden Gegensätzen der zwei Schulkommissäre einer weichen müsse. Er brachte das Opfer und bat um seine Entlassung, die er auch erhielt (1773). Der Kanonikus Kohlmann trat an seine Stelle. Dies wird wohl der eigentliche Grund sein, weshalb sich Braun von dem Schulwesen entfernte. Freilich wird auch der Umstand, diesen Entschlufs in Braun zur Reife gebracht haben, dafs er sich bei seinem grofsen Ehrgeize zurückgesetzt fühlte, da er, der die Organisation begonnen und bisher allein zur Zufriedenheit des Kurfürsten durchgeführt hatte, nun das Hauptreferat dem älteren Rat, Herrn v. Steeb, überlassen mufste. Es ist leicht begreiflich, dafs Braun sich nur schweren Herzens von der Schule trennte. Man darf deshalb seine Schwäche, dafs er sich beleidigt fühlte, weil er links von Steeb sitzen und gehen sollte, nicht so schlimm beurteilen als Westenrieder in dem V. Band seiner Beiträge, Seite 433, der blos in Brauns verletzter Eitelkeit den Grund für dessen Entfernung vom Schulwesen zu finden glaubte.

Die neuernannten Kommissäre nahmen mit den Volksschulen keine eingreifende Veränderung vor. In der neuen Schulordnung vom 8. Oktober 1774 wurde der Schulplan von 1770 bestätigt und die Einführung allerorten in Bayern, wo es noch nicht geschehen war, abermals befohlen. Vor allem sorgte man für bessere Besoldung der Lehrer. Wiederholt erliefs man Reskripte, in denen den einzelnen Gemeinden befohlen wurde, allen Lehrern neben dem Schulgeld noch ein eigenes salarium zu geben. Daraufhin wurde z. B. in Landsberg der jährliche Gehalt um 25 fl. erhöht. Ebenso wurde den Obrigkeiten ans Herz gelegt, für einen ordentlichen und planmäfsigen Unterricht zu sorgen, die alten Schulbücher und die Winkelschulen abzuschaffen und die widerspenstigen Eltern ohne Nachsicht zu strafen. Steebs Bemühen ging dahin, die Schulkasse, deren Stand durch die grofsen Ausgaben, welche die Reform mit sich brachte, sehr niedrig war, wieder zu füllen, zumal die löbliche Landschaft ihren jährlichen Beitrag von 1000 fl. nicht mehr leistete. Deshalb zog v. Steeb sogar die obenerwähnten Reisegelder der zu prüfenden Schullehrer ein. Das war natürlich kein guter Gedanke; denn man konnte von den Lehrern doch nicht verlangen, dafs sie bei ihrem kärglichen Einkommen noch Reisekosten bestreiten sollten. Durch dieses Sparsystem und die fortwährenden Streitigkeiten blieben die Reformen auf dem Lande meist unvollzogen, aufser in Bezirken mancher Regierungsstädte, deren Behörden mit Strenge auf genaue Durchführung der Reform drangen. Zu diesen mifslichen Verhältnissen kam in dieser Periode noch ein Personenwechsel in der Oberleitung der Schulen. v. Steeb legte bald aus unbekannten Gründen seine Stellung nieder, für ihn trat der Hofrath v. Aichberger ein, der aber auch nur ein Jahr die Stelle bekleidete, um seinem Vorgänger wieder Platz zu machen. Auch dieser Wechsel mufste störend auf die Entwicklung des Schulwesens einwirken.

Doch war wenigstens ein Mann da, der sich mit allen Kräften des wieder sehr geschädigten Schulwesens annahm, nämlich B u c h e r. Dieser war bestrebt wenigstens die Schulen in München auf ihrer Höhe zu erhalten. Aus dem Jahre 1776 haben wir darüber noch ein im oberbayerischen Kreisarchiv aufbewahrtes Dokument, in welchem von B u c h e r die Prüfungsresultate der Trivialschulen Münchens mitgeteilt sind. „Im Anfang des Jahres 1776", heifst es, „haben wir die Prüfungen in den Trivialschulen beschlossen. In den beiden Pfarrschulen geht alles planmäfsig gut, die kalligraphischen Übungen sind in der Fraupfarrschule durchgehends am besten." Auch auf dem flachen Lande zeigten sich vereinzelnte Spuren der Besserung. Menschenfreundliche, begüterte Leute gründeten um diese Zeit in verschiedenen bayerischen Dörfern Schulen, so in Aichach, Endsdorf, Weckertshofen, Schweinersdorf, Sinching, wo Graf von S e i n s h e i m dem Örtchen zu einer Schule verhalf. Etwas mehr Interesse für das Schulwesen zeigten auch Beamte, Pfarrer und Klostervorstände, z. B. der Probst F r a n z B r a n d e r in Beuerberg. Auch die Errichtung von Mädchenschulen, vor allem an den Sitzen der Frauenklöster verdient Erwähnung, z. B. in Seligenthal bei Landshut. Besonders die Ursulinerinnen gaben sich viel mit Jugendunterricht ab.

Sonst ist wenig über diese Jahre mitzuteilen. Noch einmal wurde der Versuch gemacht, die H o f m a n n sche Methode zur Geltung zu bringen. Am 30. Nov. 1776 erging an H o f m a n n der Auftrag, einen den Lokalumständen angemessenen Vorschlag zu machen, wie seine Lehrart am besten und mit geringen Kosten eingeführt werden könnte. Derselbe leistete dem Auftrag Folge, aber es blieb bei seinem gemachten Vorschlage, denn es entstand wiederum Personenwechsel im Schuldirektorium. Dadurch kam die ganze Lehrart bei Hofe in Vergessenheit.

Im Jahre 1777 wurde B r a u n, da er zur Reformierung der Gymnasien berufen ward, aus seiner Zurückgezogenheit wieder hervorgeholt und mit der Direktion sämtlicher kurfürstlicher Lyceen, Gymnasien, Stadt- und Landschulen in Bayern und in der Oberpfalz ganz allein betraut und erhielt dazu noch das Referat in der Geheimen Konferenz.

Aber auch jetzt war eine ruhige Entwicklung der Trivialschulen nicht möglich. Veränderungen über Veränderungen traten ein. Noch in demselben Jahre bekamen Steeb und Kohlmann die Leitung der Elementarschulen wieder zurück, da die Gesamtleitung aller Schulen für B r a u n eine zu grofse Bürde war. Allein der Tod des um das Schulwesen verdienten Kurfürsten brachte wiederum Umsturz der kaum getroffenen Anordnungen. Der Nachfolger des Max, Kurfürst Karl Theodor, übergab das ganze Schulwesen abermals einer Hand, nämlich B r a u n. Nur wurde ihm das Referat über Schulsachen in der Geheimen Konferenz abgenommen, da der jetzige Fürst den Geheimen Rat aus wirklich Geheimen Räten zusammensetzte.

B r a u n strebte nun mit aller Macht, wirklich bessernd auf die Schulverhältnisse einzuwirken; er wollte die Faktoren, die der Reform des Schulwesens hemmend im Wege standen, beseitigen. Deshalb stellte er den Antrag, das deutsche Schulwesen dem Geistlichen Rate zu entziehen und dem Kurfürstlichen

Polizeirate zu unterstellen. Durch Genehmigung des Antrages war dem Geistlichen Rate der Einfluſs auf die Schulen genommen. Der Kanonikus wollte sich durch die Änderung jedenfalls Unannehmlichkeiten von dieser Seite ersparen, die sicherlich auch nicht ausgeblieben wären, zumal die letzte Stütze Brauns, der erste Direktor des Geistlichen Rates, Peter von Osterwald, am 19. Januar 1778 das Zeitliche gesegnet hatte. Auf dessen Empfehlung hatte Braun wahrscheinlich vom Kurfürsten die Direktion der Schulen wieder erhalten. Auch mag Braun der Gedanke geleitet haben, dafs die Polizeiorgane eine strammere Durchführung der neuen Einrichtung veranlassen würden als die Geistlichkeit.

Diesem Antrag fügte er einen zweiten bei, der dahin zielte, den Schullehrern eine würdigere Stellung zu geben. Bisher standen die Schulen in engster Verbindung mit der Kirche; die Schullehrer waren zugleich Mesner, infolgedessen dem Ortspfarrer unterstellt. Braun aber wollte sie nun unter die kurfürstlichen Beamten versetzt wissen und beantragte deshalb die leider bis jetzt noch nicht eingetretene Trennung des Mesnerdienstes von der Schule. Wo es aber nicht möglich wäre, da sollten die Kirchenfonds, die zum Landschulwesen gehörten, sogleich angezeigt werden, damit der Kurfürstliche Polizeirat mit dem Geistlichen Rat in keine Kollisionen käme. Sowohl diese Vorschläge als auch die von ihm verfaſste Schulordnung für die bürgerliche Erziehung der Stadt- und Landschulen in Bayern wurde am 8. August 1778 vom Kurfürsten genehmigt.

In dieser Schulordnung wiederholte er in betreff der Volksschulen die in dem früher erwähnten Plane enthaltenen Bestimmungen, wobei sich aber doch gröfsere Anforderung an die Leistungsfähigkeit der Lehrer und Schüler bemerkbar macht. Neben den Elementargegenständen betont Braun, beeinfluſst durch die philanthropischen Bestrebungen Basedows, die Aneignung der im „Land- und bürgerlichen Leben" nötigen Kenntnisse. Die Schüler sollten mit den einfachen Gesetzen der Naturlehre, mit dem wichtigsten der Naturgeschichte, der Astronomie und sogar mit den in Krankheitsfällen nützlichen Hausmitteln bekannt gemacht werden. Aber damit ist Braun noch nicht zufrieden. Der Knabe sollte jetzt schon einen Vorgeschmack von seinem späteren Beruf bekommen, in der Schule schon sollte er hören, wie die Bäume vorteilhaft behandelt, Gärten, Wiesen und Äcker kultiviert und die Viehzucht betrieben werde. Aufserdem treten nur wenige neue Punkte hinzu. Bezüglich des Prüfungsmodus der Lehrer gab er wieder die Bestimmung, dafs in jeder Regierungsstadt eine Musterschule sein müsse, in welcher die Schullehrer im Schulhalten mehrere Tage geübt werden sollten. Über ihre Leistungsfähigkeit hätten ihnen die Lokalschulkommissionen ein Zeugnis auszustellen. Auch ordnete er im Gegensatz zu Kohlmann und Steeb wieder an, den Prüflingen täglich 24 kr. auszuzahlen, damit denselben jeder Grund zu Ausflüchten genommen wäre. Die aufgestellten Lehrer aber müſsten sich nur ihren Schulen widmen. Die Polizeiobrigkeit hatte die Verpflichtung, auf den fleifsigen Schulbesuch der Kinder zu dringen und den Antritt eines Dienstes nicht eher zu gestatten, als bis sie 5 oder 6 Volksschulklassen durchgemacht hätten. Ferner hatte die Polizei darauf zu sehen, dafs die Handwerkslehrlinge nicht nur der öffentlichen Christenlehre in der Pfarrkirche beiwohnten, sondern auch wöchentlich einmal auf kurze Zeit in der Schule erschienen, um das früher Gelernte wieder aufzufrischen. In dieser Bestimmung ist der Anfang unserer Sonntagsschulen zu suchen.

Der Geistlichkeit wurde ans Herz gelegt, den fleifsigen Besuch der Christenlehre zu überwachen, die Schullehrer im Katechisieren zu unterrichten, indem die Pfarrer oder die Kapläne wöchentlich einmal die Schule besuchten und in Gegenwart des Schullehrers die Art und Weise des Katechisierens zeigten. Den eifrigen Geistlichen versprach der Kurfürst Berücksichtigung bei Bewerbungen. Aufser der Ortsbehörde wurde überall zur Beaufsichtigung der Schulen ein geschickter Mann, gleichgültig ob geistlichen oder weltlichen Standes, aufgestellt.

Dieser war gehalten, unerwartet die Schulen zu besuchen und über ihren jeweiligen Stand der Obrigkeit zu berichten. Aufserdem sollte die Polizeiobrigkeit in Städten und Märkten alle Halbjahre wenigstens von dem Vollzug der gegebenen Vorschriften Kenntnis nehmen. Auch die Rentmeister wurden an ihre Pflicht erinnert. Um den Lehrern Gelegenheit zum Beweise ihrer Tüchtigkeit zu geben, ward jährlich eine Prüfung abgehalten, in der die fleifsigen Kinder mit silbernen Preismünzen beschenkt wurden. In Orten mit armer Bevölkerung sollten die Stifte, Klöster, Bruderschaften, Zehentbesitzer für gute Schulen sorgen. Endlich hatte jede Ortsobrigkeit die bei den halbjährigen Schulvisitationen eingeholten Fähigkeits-, Fleifs- und Sittenkataloge der Schüler nebst kurzen Protokollen über den Fort- oder Rückschritt des Schulwesens an die Kurfürstliche Regierung jedes Rentamtes einzusenden. Diese Akten wurden von den Regierungen dem Kurfürstlichen Hof- und Polizeirate zur weiteren Verfügung zugeschickt.

Kaum aber war die Frage der Schulleitung geregelt, so gab es schon wieder Veränderungen. Die Polizei nämlich suchte beim Kurfürsten nach, sie mit dieser Last verschonen zu wollen.

Der Kurfürst bestimmte nun, dafs das Schulwesen als eine Polizeisache bei dem Hofrate bleibe, aber besonderen, aus dem gremium dazu gewählten Räten übertragen werde. Aber auch diese Einrichtung war nicht von Dauer. Es wurde nämlich kurz darauf die Kurfürstliche Oberlandesregierung ins Leben gerufen, zu deren Wirkungskreis auch die Stadt- und Landpolizei kam. Desbalb wurde die Schulleitung den Hofräten wieder abgenommen und dem Geistlichen Rat übergeben, der mit aller Macht darnach strebte, auf die Schulen seinen Einflufs wieder geltend machen zu können. Das Referat darüber bekam wiederum Braun; aufserdem wurde er (1779) zum perpetuierlichen Kommissär und Direktor der Schulen aufgestellt.

Es fällt in die Augen, dafs bei diesen fortwährenden Veränderungen eine segensreiche Entwicklung der deutschen Schulen unmöglich war. Wir werden auch über den damaligen Zustand der Elementarschulen unterrichtet durch zwei Akten, die im Kreisarchiv von Oberbayern aufbewahrt sind. Der eine bespricht die Mängel der Schulen und die Mittel, wodurch eine Besserung derselben bewerkstelligt werden könne. Derselbe ist datiert vom 15. Dezember 1779 und lautet: „Da der Kurfürst erfahren habe nicht nur von dem elenden Zustande, worin das Schulwesen sich durchaus, besonders aber auf dem Lande verhalte, sondern auch von den Übeln, welche aus dessen Versäumnis bisher entstanden und zum äufsersten Nachteil der gemeinen Sicherheit immer zuzunehmen scheint, so befehle er der Oberlandesregierung mit dem Geistlichen Rat in Beratung zu treten, wie sowohl gute Schulen zu erreichen, als auch aus welchen nächsten bestthunlichen dem Publico und den milden Stiftungen minder beschwerlichen Mitteln diese heilsamen Anlagen in das Werk zu bringen seien und dieweilen zu deren dauerhaften Ausführung und Bestand die Anordnung eines Seminarii, worin rechtschaffene, gottesfürchtige Männer zu tüchtigen Lehrmeistern in allen dazu erforderlichen Teilen gebildet werden. Man solle auch melden, wo und wie es zu veranstalten und zu verwalten, auch was für subiecte man sowohl zu Professoren und als Vorstände anzustellen und woher die zum Unterricht erforderlichen Fonds zu erholen sein möchten."

Diese Zustände herrschten aber nicht allein auf dem Lande, auch in der Hauptstadt machte sich ein bedeutender Rückschritt der Schulen bemerkbar. Dies ersieht man aus einem 2. Akt vom 21. Februar 1780, worin der Geistliche Rat die Oberlandesregierung ersucht, den Verkauf der Münchener Schuldienste abzuschaffen: „Die Schulen", heifst es, „werden verhandelt und gekauft. Examen und Bürgerrecht müssen bezahlt werden. Der Lehrer mufs gleichsam Stück machen auf dem Rathhause, wie der Schneider und Schuster, und die ehrenhaften Zunftmeister, welche nun der Turnus trifft, prüfen den angehenden Vater der Jugend, den neuen Jungenmeister, der hernach am nächsten Fronleichnamsfeste entweder eine Standarte trägt, oder mit schönen, roten Federn auf dem Hute, einer Schärpe um die Lende, und mit Handschuhen und Franzen einen langen Spiefs in der Hand hat und als der Jüngste jederzeit die Lade ansagen mufs."

Ob durch diese Anregung thatsächliche Verbesserungen eintraten, darüber werden wir nicht unterrichtet. Höchst wahrscheinlich blieb es beim frommen Wunsch. Ein Hauptgrund des Rückganges der Münchener Schulen ist, abgesehen von dem steten Wechsel der Oberschulbehörde, in dem Abtreten B u c h e r s vom Schulfache zu suchen (1778). Dieser verstand trotz der verschiedenen F a k t i o n e n unter den Schulkommissarien zu verhindern, dafs dadurch die Schulen litten. Er war ein Mann, der Energie mit kluger Mäfsigung verband.

Aber auch die Thätigkeit B r a u n s war nur noch von kurzer Dauer; denn vier Jahre nach B u c h e r s Abtreten wurde dem verdienstvollen Schulman ne die Direktion der Schulen genommen; an dessen Stelle trat eine Schulkommission, in welcher der ehemalige Direktor nur die Nebenrolle eines Assessors geistlichen Standes spielte. Auch diese war bald zu Ende. Schon am 31. August desselben Jahres wurde die Kommission aufgelöst und B r a u n entlassen. Die Gründe, die diese Ereignisse veranlafsten, stehen im Zusammenhang mit der Organisation der Gymnasien, welche verschiedenen Ordensgeistlichen anvertraut wurden. Die deutschen Trivialschulen wurden nun durch eine kurfürstliche Verordnung vom 19. November 1781 der höchsten Landesherrlichen Aufsicht dergestalt unterworfen, dafs die Obsorge für dieselben der gnädigst aufgestellten Studienkuratel anheimgegeben wurde. Dagegen verblieb dem Geistlichen Rat die Sorge für den Schulfonds.

Leider war durch die stets neuen, nur kurze Zeit in Kraft stehenden Verordnungen, durch den immerwährenden Wechsel der Direktionsbehörden eine ruhige, allmählich zum Besseren fortschreitende Entwicklung nicht möglich. Deshalb machte sich nach den erfreulichen Anfängen einer Besserung durch diese Umstände ein bedenklicher Rückgang der Schulen bemerkbar. Aber auch durch die letzte Verfügung war der frühere gute Stand nicht wieder zu erreichen. Denn die Studienkuratel stand den Elementarschulen zu fern und hatte ihre Kraft den Gymnasien zu widmen.

Trotz dieser Mißstände war man aber doch gegen die Zeit vor Braun um einen bedeutenden Schritt vorwärts gegangen; in den früheren trostlosen Zustand sanken die Schulen doch nicht mehr; die Anregungen Brauns und seiner Mitarbeiter blieben lebendig, und da und dort wurden wiederholt Besserungsversuche gemacht. Auch der Umstand war für die Elementarschulen wichtig, daß die Regierung sich derselben jetzt mehr annahm, auf allgemeinen, geregelten Schulbesuch drang und sich nicht, wie früher, allein um den Unterricht in der Christenlehre, sondern auch um den in den gemeinnützigen Gegenständen kümmerte.

Diese Hebung der Schulen verdanken wir meist dem rastlosen Braun mit dem für Bayern, wie Heppe sich ausdrückt, im Gegensatz zu der bisherigen Alleinherrschaft der lateinischen Gelahrtheit der Anfang der Pflege deutscher Bildung und hiemit der Anfang eines deutschen Volksschulwesens begann, das, während anderswo die Volksschule als Sache des kirchlichen und konfessionellen Interesses erwuchs, in Bayern als Sache eines nationalen deutschen Interesses verjüngt ins Leben trat. Wenn auch Braun das bayerische Trivialschulwesen nicht nach eigenen pädagogischen Ideen einrichtete, so müssen wir ihn doch als praktischen Schulmann bewundern und anerkennen, daß er den hohen Ideen der großen auswärtigen Pädagogen Herz und Verständnis entgegenbrachte und diese richtig erkannten Wahrheiten in die That umzusetzen bemüht war. Wir sahen Braun seine ganze Kraft einsetzen um die Heranbildung eines geschulten Lehrerstandes, die Einführung eines anschaulichen, katechetischen, rationellen Unterrichtes zu ermöglichen, sowie die Herstellung und Benützung geeigneter, katechismusartig eingerichteter Lehrbücher durchzusetzen. Doch nicht blindlings ergriff Braun die von fremden Pädagogen angepriesenen Methoden. So eifrig er sich bemühte, den Hecker-Felbigerschen Ideen in Bayern Eingang zu verschaffen, so hat er doch sorgfältig die einzelnen Punkte ihres pädagogischen Apparates geprüft und die auf den Schulbetrieb ungünstig einwirkenden Grundsätze aus seinem Unterrichtsplan ausgeschieden. Daher finden wir z. B. die von Felbiger so gerühmte, aber jedenfalls einen drückenden Lehrmechanismus begründende Tabellarisier- und Buchstabenmethode bei Braun nicht. Überhaupt zeigt er sich uns als einsichtsvollen Eklektiker, der überall nur dem besten nachzugehen sucht.

Dieselbe Wahrnehmung werden wir auch jetzt machen, wenn wir seine Thätigkeit als Reformator der bayerischen Mittelschulen näher betrachten.

C. Seine Mittelschulreformen.

Am 21. Juli 1773 erliefs der Papst Clemens XIV. die Bulle: Dominus ac Redemptor noster, wodurch der Jesuitenorden aufgehoben wurde. Dadurch war auch Bayern von diesem über 200 Jahre alle Verhältnisse des Landes bestimmenden Orden befreit. Dieser Umstand führte aber auch zu einer Neuorganisation der Mittelschulen, die das langjährige, jede Verbesserung absichtlich vermeidende Jesuitenregiment schwer geschädigt hatte. Schon gleich nach dem Entstehen der Akademie hatten rührige Mitglieder, wie ein Peter von Osterwald *) in ihren Reden auf die Notwendigkeit einer Neugestaltung hingewiesen

Sofort nach dem Erscheinen der päpstlichen Bulle ging der edle Kurfürst an die Reform. Zur gründlichen Durchführung derselben sollten die Einkünfte der zahlreichen und einträglichen Jesuitengüter, die nun dem Staate zur Verfügung standen, verwendet werden.

Allein die guten Absichten des Landesherrn konnten nicht sogleich verwirklicht werden. Denn es gab vorher noch eine Reihe von Fragen zu erledigen, wobei die berufenen Faktoren auf eine Menge von Schwierigkeiten stiefsen, welche die Ausführung verzögerten. Man einigte sich deshalb dahin, die Schulen in dem Zustand, in welchem man sie übernommen hatte, noch ein Jahr zu lassen, um während dieser Zeit die nötigen Vorbereitungen für die Reorganisation treffen zu können. Zu diesem Zwecke wurde eine provisorische Schulkommission aufgestellt, in welche der Graf von Spretti und der Reichsfreiherr von Leyden gewählt waren. Als Leiter derselben ward der wirkliche Geheime Rat und erste Geistliche Ratsdirektor Peter von Osterwald ausersehen, während der Hof- und Geistliche Rat Aichberger für das deutsche Stadt- und Landschulwesen, der Revisionsrat von Steeb „in disciplinaribus," der Geistliche Rat Braun „im humanioribus," Kohlmann „in theologicis," Kennedy „in philosophicis" aufgestellt war. Dieser Kommission wurde zugleich für jetzt das Direktorium der Universität und der Gymnasien übertragen.

Schon die Beratung über die erste Frage, wem künftig die Gymnasien anvertraut werden sollten, ob Laien, ob Welt- oder Klostergeistlichen liefs zwischen

---

*) Hierher gehört vor allem Osterwalds Rede: „Von der lateinischen Sprachlehre." In diesem Vortrage geiselte er das Jesuitenlatein und zeigte im Gegensatz zu diesem die Eigentümlichkeit, die Kraft und Schönheit der lateinischen Sprache. Aufserdem bespricht die Mängel der jesuitischen Unterrichtsmethode eine andere, aber in dieselbe Zeit (1767) fallende Schrift: „Antwort auf die Fragen von der Lehrart in den lateinischen Schulen." Dieselbe ist anonym erschienen, wird aber Heinrich Braun zugeschrieben und mit Recht. In dessen 1774 erschienenem Werke „Gedanken über die Erziehung etc." (Seite 228) nennt er sich selbst den Verfasser der obengenannten Schrift. Diese Abhandlung enthält eine Widerlegung der Verteidigung der in jener Zeit stark angegriffenen Jesuitenlehrmethode, welche der Verfasser des 1764 erschienenen Büchleins: „Die Fragen von der Lehrart in den lateinischen Schulen," unternahm. Braun ging auf jede der (12) Fragen ein und legte unumwunden die Fehler des damaligen Unterrichtsbetriebs dar. Auf die einzelnen Punkte brauchen wir nicht einzugehen, da über die Mängel der jesuitischenUnterrichtsmethode bereits eine reiche Literatur vorhanden ist.

den Kommissionsmitgliedern eine grofse Meinungsverschiedenheit hervortreten. Dieser Zwiespalt in ihren Ansichten wurde noch dadurch verstärkt, dafs auch andere Kreise Stellung zu dieser Frage nahmen und die verschiedensten Vorschläge zu Tage förderten, die durch Schriften weitere Verbreitung fanden. Eine derselben müssen wir anführen, da sie von verschiedenen damaligen Schriftstellern Braun *) zugeschrieben wurde. Diese ist betitelt: „Wie sind die Plätze der P. P. Jesuiten in den Schulen zu ersetzen, wenn ihr Institut aufgehoben ist." Ihr Verfasser nennt sich: Johann Modestus Pichler iuris utriusque doctor et causidicus in Schwaben und verlangt, dafs man den Ordensgeistlichen die Schulen verschliefsen, dagegen dieselben Weltgeistlichen, oder, was vorzuziehen sei, Laien übergeben solle.

Doch diese wohlmeinenden Worte waren für jetzt vergeblich gesprochen, einmal wegen der Schwierigkeit, sogleich brauchbare Leute in Bayern zu finden, dann wegen der Unmöglichkeit, jetzt sofort die nötigen Mittel zur Besoldung derselben aufzubringen. Vor allem erklärte sich der damalige Finanzminister, der Freiherr von Berchem, gegen den Vorschlag, weltliche Professoren neben den Geistlichen an den Gymnasien anzustellen, weil der Schulfonds durch die Pensionen der unbrauchbar gewordenen Professoren und deren Familien zu sehr belastet würde. Man war bisher in Bayern nicht gewohnt, für die Schulen grofse Opfer zu bringen, man war zufrieden mit dem Schlendrian, der freilich den Staatssäckel nicht sehr in Anspruch nahm. So kam es, dafs man sich nach langen Beratungen entschied, zwei Teile Exjesuiten und einen Teil Weltgeistliche als Lehrer aufzustellen.

Aber dieser Beschlufs Exjesuiten neben Weltgeistlichen als Gymnasiallehrer zu verwenden, hatte, wie wir sehen werden, die nachteiligsten Folgen für das Schulwesen. Denn die Jesuiten waren es, wie von unparteiischen Schriftstellern

---

*) Jedem Kenner der Braunschen Schriften mufs beim Durchlesen der Abhandlung klar werden, dafs dieselbe nicht von Braun herrührt. Denn die in diesem Buche festgehaltene Schreibweise weicht von der des Braun wesentlich ab, sie verstöfst häufig gegen die in seiner Anleitung zur deutschen Sprachlehre bezüglich der Orthographie aufgestellten Prinzipien. Schon das Titelblatt widerlegt die Autorschaft. Nämlich wir finden in dem Satze: „Wie sind die Plätze der P. P. Jesuiten etc. etc." das Wort „Plätze" mit „zz" geschrieben. Sowohl diese Schreibweise als auch „kk" für „ck" ist in diesem Schriftchen konsequent durchgeführt. Aber Braun verlangt in seiner Anleitung zur deutschen Sprachlehre „tz" und „ck" zu schreiben. Aufserdem finden wir „Wohnsiz für Wohnsitz," iedermann, dasienige, ia, iagen, für jedermann, dasjenige, ja, jagen. Ferner ist die Schreibweise von „mus" statt „mufs," „dis" statt „dies" auffallend, da in der Sprachlehre vor diesen Fehlern ausdrücklich gewarnt wird. Die angeführten Beispiele werden genügen, unsere Vermutung zur sicheren Wahrheit zu erheben.

Aus denselben Gründen können noch zwei andere Abhandlungen, die ebenfalls unter dem fingierten Namen Johann Modestus Pichler erschienen sind und auch von einer Reihe gleichzeitiger Schriftsteller Braun zugeschrieben werden, ihn nicht zum Verfasser haben. Das eine Schriftchen führt den Titel: „Kurzgefafste Geschichte von dem Ursprunge, Fortgange und dermaligen Zustande des geistlichen Rechtes in katholischen Ländern," das andere dagegen handelt „von dem System der von Christo eingesetzten Regierungsform und deren Verbindung mit der Regierungsform katholischer Staaten."

der damaligen Zeit berichtet wird, die Unzufriedenheit über die bestehenden Verhältnisse verbreiteten und die Schulen nicht zur ruhigen Entwicklung kommen liefsen. Ihre Macht war an den meisten Gymnasien nur teilweise gebrochen, in Neuburg, Augsburg, Regensburg aber übten sie ihre althergebrachte Praxis ungestört fort.

Noch weiter gingen die Ansichten bei der Beratung des Schulplanes auseinander. Einige der Kommissionsmitglieder erklärten sich für die Einführung des Mainzer Schulplanes, der dort noch in dem Jahre 1773 ins Leben getreten war, andere empfahlen das Berliner Schulstatut. Das Terenzische quot capita tot sensus fand hier seine Anwendung. Mit besseren, für die bayerischen Verhältnisse passenderen Vorschlägen traten nur Braun und Ickstatt auf.

Der erstere, aufgefordert von dem Kurfürsten einen Reformplan auszuarbeiten, entwickelte seine Ideen und Wünsche bezüglich der Neugestaltung der Schulen in seiner Schrift „Gedanken über die Erziehung und den Unterricht in den Trivial-, Real- und lateinischen Schulen nach den kath. Schulverfassungen Oberdeutschlands." Ickstatt, Reformator der hohen Schule, verfafste als Vorstand der ihm seit der Aufhebung des Jesuitenordens unterstellten Schulanstalten zu Ingolstadt einen Lehrplan, den er nicht blos an seinem Wirkungsort, sondern in allen Anstalten Bayerns eingeführt wissen wollte. Unaufgefordert reichte er deshalb denselben an die Schulkommission ein. Dieser sollte einen Umsturz des ganzen bisherigen Lehrgebäudes hervorrufen.

Vorschläge zu diesen Änderungen gab er schon am 28. März 1770 in einer Rede, die er in der Akademie hielt. Dort sprach er hauptsächlich vom „Einflufs des Nationalfleifses und der Arbeitsamkeit der Unterthanen auf die Glückseligkeit der Staaten."

Letztere aber würden sich nur auf einer soliden und für das Leben brauchbaren Bildung der breiteren Volksschichten entwickeln. Als erster in Bayern trat er hier für die Errichtung der Realschulen ein. Sein Wunsch ging dahin, das in Bayern so sehr vernachläfsigte Schulwesen nach den Grundsätzen des bürgerlichen, gesellschaftlichen Lebens so einzurichten, dafs in den Dorf- und Landschulen aufser in der Religion, im Lesen, Schreiben und Rechnen auch in der Landwirtschaft ein gründlicher Unterricht erteilt werde. In den Städten und Märkten hingegen wären für Künstler, Geschäftsleute und Handwerker gute Realschulen zu errichten, in denen ein guter Unterricht in den mathematischen und naturwissenschaftlichen Fächern erteilt werde. Endlich in der Landeshauptstadt sowie in anderen gröfseren Städten könnte man auch Militär-, Handels- und besondere Kunstschulen anlegen. (Westnr. Gesch. der A. I. Bd. 280.)

Dieses waren die Ideen, die der 70jährige Greis als Basis für eine zeitgemäfse Reformation des Unterrichtswesens betrachtete.

Grofs aber war die Freude Ickstatts, als nach 4 Jahren einige Möglichkeit gegeben war, seine Reformgedanken zu verwirklichen. Er säumte auch nicht am 28. März 1774 bei Gelegenheit der Stiftungsfeier der Akademie in einer weiteren Rede „von der stufenmäfsigen Einrichtung der niederen und höheren Landschulen mit Rücksicht auf die kurbayerischen Lande", ausführlicher seine Gedanken über diesen Gegenstand darzulegen. Ickstatt wollte dadurch andere bedeutende Männer veranlassen über den neuen Lehrplan, der in besonderer Weise die Realien berücksichtigte, sich zu äufsern und dieselben zur Unterstützung seiner Bestrebungen anzuregen.

Nach Erörterung der Gründe des tiefen Darniederliegens der bayerischen Schulen stellte er vor der Entwicklung seines Lehrplanes folgenden Satz auf, in dem er klar das Prinzip ausspricht, das ihn bei der Entwerfung seines Schulplanes leitete. „Alle und jeder Landeseinwohner und Unterthan haben ein auf dem gesellschaftlichen Verband gegründetes Recht, dafs man sie nach ihrem Stande und Beruf in jenen Gegenständen, Kenntnissen und Wissenschaften unterrichte, ohne welche sie weder ihren häuslichen Geschäften noch bürgerlichen gesellschaftlichen Pflichten, in soweit es eines jeden Standes Vollkommenheit erfordert, ein Genügen leisten können."

Nachdem er so vom nationalökonomischen Standpunkt aus das Recht des Volkes auf einen gediegenen Unterricht begründet hatte, verbreitete er sich nun des Näheren über die Gegenstände, die nach seiner Überzeugung in den Dorfschulen, in den Markt- und Stadtschulen und in den sogenannten gelehrten Schulen vorgetragen werden sollten.

In den Dorfschulen wären die Kinder vom 6. oder 7. Lebensjahre an von Schulmeistern, die in Realschulen oder Gymnasien gebildet wurden, nicht nur in der Religion, im Lesen, in der Schön- und Rechtschreibkunst, sowie in der Anwendung derselben bei Briefen, Obligationen, Quittungen und im Rechnen, sondern auch in der Landwirtschaft, Naturgeschichte und Naturlehre, dann in den verschiedenen Mafsen und Münzsorten und (wenigstens Kinder mit besonderer Fähigkeit) in den praktischen geometrischen Linien, Figuren und Körpern und deren Ausmessung zu unterrichten. Zum Studium sollten nur ganz talentvolle Kinder und zwar vermöglicher Eltern zugelassen werden. Die Oberaufsicht über die Schulen übertrug er den Beamten und Pfarrern.

In den Städten, Märkten und gröfseren Ortschaften bestimmte er die Knaben (abgesondert von den Mädchen, denen die für Knaben geeigneten Gegenstände entbehrlich seien) aufser in den obengenannten Fächern noch in der Landesgeschichte, in Kunst- und Handwerkssachen zu unterrichten. Auch diesen Kindern gestattete er das Studium nur ausnahmsweise.

In der Residenzstadt, sowie in den Haupt- und Regierungsstädten aber wären neben den Trivialschulen noch höhere Schulen — nach den praktischen Gegenständen, welche darin gelehrt werden, Realschulen genannt — zu errichten und zwar für solche Knaben, die entweder künftige Künstler, Handwerks- und Handelsleute werden oder sich dem Studium widmen wollten. Als Aufnahmsbedingung verlangte er Kenntnisse in der Religion, im Lesen, Schreiben, Rechnen und in der deutschen Sprachlehre. Die Knaben sollten 8 bis 9 Jahre alt sein und vier Jahre diese Schule besuchen, in deren letztem Kursus die Schüler zur Aufnahme in das Gymnasium vorzubereiten wären. Wenn Eltern ihre Kinder vor dem zurückgelegten 12. Jahre bei Handwerkern oder Künstlern aufdingen liefsen, so müfsten die Lehrmeister angewiesen werden, die Lehrjungen täglich zwei Stunden frei zu lassen, um in jenen Gegenständen, deren sie bei ihren Professionen am meisten bedürften, einen guten Unterricht zu erlangen. Da es nicht uninteressant ist, die Anforderungen, welche Ickstatt an die nach seinem Plane zu schaffende Realschule stellte, kennen zu lernen, so will ich das Wichtigste über das Lehrziel in den einzelnen Gegenständen berichten. Dadurch wird auch das Verhältnis Ickstatts zu Braun in der Frage der Schulreform klar ans Licht treten.

Die Lehrgegenstände sind sehr zahlreich; neben den Naturwissenschaften und technischen Fächern ist Latein und Griechisch vertreten. Die Schulzeit soll um 7^1/$_2$ Uhr beginnen, nachdem die Schüler von 7 Uhr an die Messe gehört hatten. Die erste halbe Stunde ist für die Religionslehre bestimmt. Im ersten Kursus wird nun der Schüler mit dem Inhalt des kleinen historischen Katechismus von Fleury bekannt gemacht; daran schließt sich im zweiten Jahre die biblische Geschichte des alten und neuen Testamentes; in der dritten Stufe wird dagegen die christkatholische Moral, sowie die Pflichtlehre gegen Gott, gegen den Landesfürsten und die Obrigkeiten, gegen die Eltern, endlich gegen den Nächsten und sich selbst vorgetragen. Der Religionsunterricht schließt dann im 4. Kursus mit einer Einführung in die Kirchengeschichte und einer Darstellung der christkatholischen Kirchenverfassung ab.

Der deutschen Sprache sind in den drei ersten Klassen täglich 1^1/$_2$ Stunden zugewiesen, während in der vierten an deren Stelle die lateinische Sprache tritt. Für die erste Stufe ist der formelle Teil der deutschen Grammatik und zahlreiche Übungen in kleineren stilistischen Aufsätzen bestimmt. Daran reiht sich im zweiten Kursus die Lehre der deutschen Syntax und die Fortsetzung der Aufsätze. Die Aufgabe des dritten Kursus umfaßt die Prosodie und die Einführung in die deutsche Dicht- und Redekunst.

Etwas geringer als für die deutsche Sprache ist die Unterrichtszeit für die Arithmetik und Mathematik berechnet, nämlich täglich eine Stunde. Nach Einübung der Elemente schreitet die Unterweisung in diesem Gegenstand im zweiten Jahre fort zur Lehre von den Brüchen, während für das darauffolgende Jahr die Proportionslehre, besonders die Regeldetri und ihre verschiedenen Arten sowie die Wurzellehre bestimmt sind. Auch die Anfangsgründe der Geometrie und Trigonometrie, ebenso die Mechanik sind in den Lehrplan der Realschule aufgenommen.

Dieselbe Stundenzahl ist für die Naturgeschichte festgesetzt, die aber schon im ersten Jahre abgeschlossen wurde. An ihre Stelle tritt im zweiten Jahre die Land- und Stadtwirtschaft, sowie die Geschichte der verschiedenen Künste und Professionen nebst den zur Verarbeitung nötigen Materialien. Endlich erhalten die Schüler des dritten Kursus einen Einblick in die Gewerbe und in den Handel des In- und Auslandes.

Die Geographie behandelt Ickstatt etwas stiefmütterlich, nur das erste Semester des ersten Jahres ist für diesen Gegenstand ausersehen, im zweiten Halbjahr folgt eine Einleitung in die Chronologie, während im nächsten Jahre als Vorbereitung für den Geschichtsunterricht die Schüler im ersten Semester in die Genealogie und Heraldik eingeführt werden sollen. Unmittelbar darnach beginnt im zweiten Halbjahre der eigentliche Geschichtsunterricht mit der Darlegung der ersten Grundsätze der allgemeinen Geschichte. Der mittleren Stufe fällt dagegen der Abschnitt über die europäischen Staaten zu. Für die oberste Klasse verbleibt das die deutschen Staaten behandelnde Gebiet und eine kurze Darstellung der Staats- und Naturgeschichte von Bayern.

Wir haben bereits oben erwähnt, dafs nach Ickstatts Bestimmung nur die talentvollen Schüler im vierten Kursus für das Gymnasium vorbereitet werden. Deshalb ist in seinem Unterrichtsplane die lateinische Formlehre aufgenommen. Auch sollen die römischen und deutschen Antiquitäten, sowie die Mythologie, soweit sie für das Verständnis der Werke der Dichter, Maler und Bildhauer etc. etc. notwendig ist, vorgetragen werden.

Sind nun die Knaben in den Gegenständen der Realschule wohl unterrichtet, so sollen die, welche sich dem gelehrten Stand widmen, sowie die, welche Apotheker, Wundärzte, Bildhauer, Maler, Kupferstecher werden wollen, mit dem 13. Lebensjahre in das lateinische oder grofse Gymnasium aufgenommen werden, in welchem sie 5 Jahre verweilen und in den ersten zwei Jahren in der lateinischen und griechischen Sprache zwei Stunden des Tages, in den übrigen Wissenschaften umständlicher als in der Realschule, sowie im Zeichnen und Schönschreiben und in den übrigen zwei Jahren statt des letzteren in der französischen Sprache unterrichtet werden.

Die tägliche Stundenzahl im Gymnasium stimmt genau mit der in der Realschule überein, vormittags dauert der Unterricht mit Einschlufs der Messe von 7—10, nachmittags von 1/2 2—4 Uhr.

Dem Religionsunterricht wird der grofse Katechismus von F l e u r y in den drei ersten Klassen zu Grund gelegt, während in der vierten der kleine Katechismus wiederholt wird.

Die schon in der Realschule gelehrte lateinische Formlehre wird hier weiter ausgebaut und in leichteren Aufgaben geübt; die Syntax ist der 2. Klasse zugewiesen, sie soll mittels kurzer, klarer Regeln in bequemen Lehrbüchern der Jugend dargelegt und durch zahlreiche schriftliche Arbeiten sowie durch Übersetzen guter Autoren den Schülern eingeprägt werden. Dazu tritt, um ein besseres Verständnis der Klassiker zu ermöglichen, noch der Unterricht in der Mythologie und in den Antiquitäten. In der 3. Klasse bilden die Unterrichtsgegenstände Prosodie nebst Metrik, Rhetorik, die in Aufsätzen und Vorträgen geübt und in der nächsten, vierten Klasse fortgesetzt und beendigt wird.

Obgleich I c k s t a t t in seiner Rede ausdrücklich betonte, die lateinische wie die griechische Sprache täglich zwei Stunden zu betreiben, wich er bei der Ausarbeitung seines Planes bezüglich des Griechischen davon ab und wies diesem Gegenstande täglich nur eine halbe Stunde zu und zwar die Zeit von $1^{1}/_{2}$—2 Uhr. Der Unterricht in diesem Fache erstreckt sich über 4 Klassen; für die oberste ist die Auslegung und Erklärung des griechischen Testamentes vorgeschrieben, nachdem in den vorausgehenden die Formlehre und Syntax durchgenommen ward.

Der Unterricht in der Mathematik und in den Naturwissenschaften schliefst sich eng an den in der Realschule an. In der ersten Klasse wird mit der Algebra begonnen und im zweiten Jahre die in der Realschule schon teilweise dargelegte Mechanik fortgesetzt; neu kommt hinzu das Wichtigste über Hydrostatik, Hydraulik und Luftschwere. Dem nächsten Kursus ist die Kosmologie und Chronologie vorbehalten; im vierten Jahre werden die verschiedenen Luft erscheinungen und die Astronomie vorgetragen.

Da Geographie schon Unterrichtsfach der Realschule war, so soll dieselbe in der ersten Gymnasialklasse beendigt werden. In dem höheren Kursus dagegen sei die Geschichte der Deutschen vor Chr. Geburt bis auf die damalige Zeit, im dritten Jahre die deutsche Reichsgeschichte und die der einzelnen Staaten eingehend zu behandeln, während die Schüler der 4. Klasse einen Einblick in die Geschichte der Gelehrten und der Wissenschaften bis zur Gegenwart erhalten sollen. Das letzte Schuljahr befafst sich mit der Vorbereitung für die Universität. Die Schüler hören daher nach Besuch der Messe Vorträge in der Logik und Ontologie, in der Physik und Naturgeschichte, nachmittags in der Numismatik und Diplomatik, in den besten lateinischen, griechischen und deutschen Autoren und in der Ästhetik, endlich werden sie auch mit den Verhältnissen der Gegenwart durch die Lektüre der verschiedenen schicklich und wissenschaftlich geschriebenen Journale bekannt gemacht.

Beim Überblicken der Unterrichtsgegenstände, die Ickstatts in Bayern Gymnasien eingeführt wissen wollte, fällt die starke Betonung der Realien sofort in die Augen. Der Reformator, der während seiner Wanderjahre in Frankreich, Holland und Mitteldeutschland die Mathematik und Naturwissenschaften lieb gewonnen hatte, wollte diese modernen Wissenschaften, die bereits in den Schulen von Nord- und Mitteldeutschland eine Stätte gefunden hatten, auch in den Gymnasien Bayerns einheimisch machen und erwartete mit Recht von einem gründlichen Unterricht in diesen Fächern die segensreichsten Früchte, eine Beseitigung des hohlen, geisttötenden Formalismus der Jesuitenschulen. Schon frühzeitig, in der Realschule sollten die Knaben an mathematisches Denken gewöhnt und mit den Elementen der Naturwissenschaften vertraut gemacht werden. Aber hier wurde nur der Grund zu dem Aufbau gelegt, der im Gymnasium seiner Vollendung entgegen ging. Deshalb verband Ickstatt die Realschule und das Gymnasium enge miteinander. Nur der Schüler, welcher die erstere Unterrichtsanstalt — das sogenannte niedere Gymnasium — mit gutem Erfolg absolviert hatte, konnte die letztere (das höhere Gymnasium) besuchen. Ein starkes Hervortreten der Realien gegenüber den klassischen Sprachen macht sich auch hier bemerkbar, sogar das Deutsche mufste der Mathematik und den Naturwissenschaften Platz machen, es fand fast gar keine Beachtung von seiten Ickstatts. Nur für die oberste Gymnasialklasse war die Lektüre der besten deutschen Autoren vorgeschrieben, aber von einem systematischen Unterricht in der deutschen Sprache ist in dem Lehrplan keine Rede.

So vortrefflich im ganzen der Gymnasialunterrichtsplan Ickstatts ist, so möchte man doch bei der Betrachtung der in der Realschule vorgeschriebenen Unterrichtsgegenstände und Lehrstunden, die schon in den untersten Kursen wöchentlich 25 betrugen, zu der Ansicht kommen, die Anforderungen Ickstatts seien in Anbetracht der geringen Befähigung der damals vorhandenen Lehrer und der mangelhaften Vorbereitung der eingetretenen Schüler zu grofs. Schwerlich werden die Leistungen den Erwartungen des Reformators immer entsprochen haben. Auch der Gedanke Ickstatts die Realschulen zum Unterstock des Gymnasiums zu machen war kein glücklicher. Die Realschule verfehlte durch den intensiveren Betrieb des Lateinischen und Griechischen ihre eigentliche Bestimmung.

Ein anderes Bild dagegen entrollt sich unseren Augen, wenn wir die Vorschläge Brauns näher betrachten. Wie bei letzterem erklärt sich auch die pädagogische Anschauungsweise des ersteren aus seinem eigenen Bildungsgang. Er hatte, wie wir wissen, seine Lehrzeit in Salzburg bei den Benediktinern durchgemacht. Hier wurde er ein Verehrer der Alten, wozu nicht wenig der anregende Unterricht dieser hervorragenden Schulmänner beitrug. Die modernen Wissenschaften, die Mathematik und die Naturwissenschaften, waren aber noch nicht in diese Klosterschule eingezogen. Braun war deshalb diesen Disziplinen, denen er, wie er in seinem Buche „Gedanken über die Erziehung" einmal selbst sagt, in seiner Jugend nicht näher trat, auch später ziemlich fremd geblieben. Daraus erklärt sich der Gegensatz zwischen Ickstatt und Braun. Jedoch war letzterer kein eingefleischter Gegner der neuen Richtung; er machte ihr Konzessionen, nur sollte dieselbe das Gymnasium nicht berühren; er wies deshalb die mathematischen und naturwissenschaftlichen Fächer der Realschule zu, die er nur als Fortsetzung der Elementarschulen betrachtete und nach seiner Anschauung blofs zur Heranbildung der Knaben für das bürgerliche Leben bestimmt war. Einen so engen Zusammenhang mit dem Gymnasium, wie Ickstatt ihn anstrebte, gewährte er ihr nicht, er wahrte streng den humanistischen Charakter desselben. Braun wollte deshalb die in den Jesuitenschulen gelehrten Gegenstände beibehalten, aber nur einen besseren, den Verstand schärfenden Betrieb derselben bezwecken.

Wir haben also auf der einen Seite einen Vertreter des Realismus, auf der andern einen Wortführer des Humanismus. Interessant ist diese Thatsache besonders für uns, die wir in einer Zeit leben, in der ebenfalls diese Frage, ob Realismus oder Humanismus, eine brennende geworden ist, und, wie es scheint, teilweise zu Gunsten des ersteren entschieden werden wird. Auch damals half die Opposition Brauns wenig, der Realismus wufste sich, wie wir bald sehen werden, einen Platz, wenn auch einen bescheidenen, in den Gymnasien zu erobern.

Braun, der in der Realschule den zukünftigen Handwerkern und Künstlern eine zweckmäfsige Vorbildung geben wollte, teilte nach dem Unterschied der bürgerlichen Bevölkerung diese Schule in drei Klassen.

In dem ersten Kursus (bürgerliche Nahrungs- und Hauswirtschaftsklasse) sollten die Söhne der Handwerker und der übrigen gewöhnlichen Bürger Gelegenheit finden, sich für ihren Lebensberuf vorzubereiten. Die erste Forderung war deshalb ein intensiverer Betrieb des Schönschreibens und Rechnens zur Vervollkommnung der in den Trivialschulen erlangten Fertigkeit. Dazu trat Unterricht in der Stadt- und Landwirtschaft. Dieser stellte sich vor allem zur Aufgabe, die Schüler teils mit der Theorie des Acker- und Gartenbaues, teils mit den allgemeinen ökonomischen (Haushaltungs-) Regeln bekannt zu machen. Für diese Klasse war aufserdem noch die Vorführung der Handwerksgeschichte bestimmt d. h. die Belehrung der Schüler über das zu jedem Gewerbe nötige Material, über die einzelnen Werkzeuge, sowie über die Herstellungsart der verschiedenen gewerblichen Gegenstände. Endlich wurde auch aus der Naturgeschichte das für das bürgerliche Leben Nötige vorgetragen.

Die zweite Klasse (bürgerliche Philosophie) war zur Ausbildung der Söhne vornehmer Bürger und der Künstler berechnet. Hier wurden den Knaben die Anfangsgründe der Logik beigebracht. Um aber diese Schüler recht gut für ihren Beruf vorzubereiten, bestimmte Braun als weitere Unterrichtsfächer: Geometrie, Mechanik und Baukunst. Auch die Zeichnungskunst hatte der Reformator in seinem Plan nicht vergessen. Zugleich wurden die Schüler angehalten, sich in der Beurteilung des Schönen und Unschönen zu üben. Deshalb war Vorsorge getroffen, dafs dieselben sowohl theoretisch durch Vorträge aus der Ästhetik, als auch praktisch an Rissen, Modellen, Gemälden, Statuen durch Vorzeigung deren Schönheiten und Fehler gebildet wurden. Aufgabe dieser Klasse war noch die Belehrung über die wichtigsten Gesetze der Naturlehre.

Den letzten Kursus (die bürgerlich rhetorische und historische Klasse) besuchten meist talentvollere Kinder, die sich dem Gymnasialstudium widmen wollten. Hier führte man dieselben in die deutsche Grammatik ein und hielt sie zur Fertigung von Aufsätzen, Briefen, Erzählungen, Bittschriften an, soweit diese zum bürgerlichen Leben nötig sind. Aus der Geschichte wurden ihnen die wichtigsten Thatsachen, besonders die Verhältnisse des deutschen Volkes, speziell Bayerns vorgetragen. Verbunden war hiemit ein Überblick über die Bibel und die Kirchengeschichte. Damit aber den Schülern, die gute Befähigung bekundeten die Wundärzte, Apotheker werden, oder sich den bildenden Künsten widmen wollten, die Möglichkeit zum Übertritt in das Gymnasium gegeben wäre, so wurden in der Realschule die Anfangsgründe der lateinischen und griechischen Sprache gelehrt.

Für alle Schüler verlangte Braun einen gründlichen, Herz und Verstand bildenden Unterricht in der Religion. Als fakultative Lehrgegenstände wollte er die französische und italienische Sprache betrieben wissen. Diese Realschulen sollten vorzüglich in den Städten mit Gymnasien errichtet werden, weil dort der Unterricht in den modernen Sprachen, im Zeichnen und in der Musik mit geringeren Kosten erteilt werden könnte.

Jeden dieser Kurse wollte Braun selbständig für sich stellen, so dafs die Schüler je nach Bedarf und Lust sich die Gegenstände wählen könnten. Auf dem Lande aber war verstattet, da die Klassen nicht zusammenhingen, je nach Bedürfnis eine oder zwei Klassen zu errichten.

Aus diesem Plane ersieht man klar, dafs die Braunsche Realschule den damaligen Verhältnissen gut angepafst war und der bürgerlichen Erziehung hinreichend Rechnung trug. Bezüglich der Errichtung solcher Schulen warnte aber der Reformator vor Übereilung und vor Eröffnung zu vieler Anstalten, ermahnte dagegen zur eifrigen Durchführung der Reformen in den deutschen Schulen und Gymnasien. Einstweilen sollten nur die notwendigsten ins Leben treten und zwar an Stelle der zahlreichen und überflüssigen Lyceen. An vollkommenen Anstalten wären nur zwei Reallehrer anzustellen, da der Prinzipienlehrer die Leitung der dritten Klasse übernahm. Hinsichtlich der Lehrmethode betonte Braun den Anschauungsunterricht, ein Übergehen vom Praktischen zur Theorie, von der sinnlichen Welt zur intellektuellen. Der Reformator gab deshalb die Anweisung, geeignete Persönlichkeiten unter den Künstlern und Industriellen der Stadt zur Vorführung der praktischen Kunstgriffe und der Werkzeuge (behufs verständlicher Darlegung der Kunst- und Handwerkergeschichte) zu gewinnen. Da es aber zur Zeit der Schulreform in Bayern an guten Lehrern fehlte, machte Braun den weiteren Vorschlag, die tüchtigsten der damals in grofser Anzahl vorhandenen Hauslehrer, die sich meist aus stellenlosen Studenten rekrutierten, heizuziehen, sie zu veranlassen diese öffentlichen Lehrstunden zu besuchen und sie dann als Repetitoren in den Realschulen mit Aussicht auf Beförderung zu verwenden.

Unter den für Realschulen vorhandenen Lehrbüchern gab Braun den um diese Zeit für die Züricher Anstalten verfafsten Exemplaren, sowie dem Berliner Realschulbuch den Vorzug. Überhaupt widmete Braun den Realschuleinrichtungen in Zürich und besonders in Berlin seine volle Aufmerksamkeit, da er sein System nach jenen bildete. Fand Braun in Zürich brauchbare Bücher für die bayerischen Schulen, so bot die Heckersche Realschule in Berlin das Muster darnach die bayerischen Schulen zu konstruieren. Die Ähnlichkeit im System war höchst auffallend; da wie dort herrschte das Fachsystem; da wie dort war der Zweck der Realschulen dem Bildungsbedürfnis des erwerbenden Standes entgegenzukommen, da wie dort war der Anschauungsunterricht stark betont. Doch auch bei der Realschule zeigt sich wiederum Brauns Eklekticismus. Er nahm aus der Fremde nur das für die bayerischen Schulen Notwendigste; darum finden wir bei Braun keinen so buntscheckigen Lehrplan wie bei Hecker. Ein solches Realschulsystem wäre in Bayern auch damals wegen der finanziellen Schwierigkeit nicht durchführbar gewesen. Dagegen liefs sich Brauns Plan ohne besonders grofse Geldmittel verwirklichen. Dieser dreikursige Realschulaufbau ist die eigene Idee des bayerischen Reformators; nirgends kann man ein Analogon entdecken.

Versuchte Braun durch den Antrag auf Einführung der Realschulen eine grofse Lücke im bayerischen Unterrichtswesen auszufüllen, so erhielt auch durch ihn der Studienplan für die Gymnasien eine wesentliche Umgestaltung, die zur Besserung dieser Anstalten im hohen Grade beitrug. Denn auch hier brach Braun mit den überkommenen pädagogischen Anschauungen aus der Jesuitenzeit. Nur noch die Namen der Kurse, von denen die ersten zwei „die grammatischen Klassen" die dritte „die Epistolar"-, die vierte „poetische", die fünfte „rhetorische" Klasse hiefs, erinnern an die Ära der ehemaligen Schulmänner. Der bayerische Schulreformator verschlofs sich nicht den Anforderungen seiner Zeit; er ging vielmehr mit Eifer den Reformen und Schuleinrichtungen der Nachbarstaaten (Preufsen, Frankreich) nach und stellte aus diesen ein für Bayern brauchbares Gymnasialschulsystem her. Vor allem huldigte er dem neuhumanistischen Prinzip, das durch die Lektüre der alten Schriftsteller Urteil und Geschmack, Geist und Einsicht bilden und dadurch die Fähigkeit selbständiger Produktion in der eigenen Sprache fördern will. Braun ging dieselben Wege wie Gesner in Göttingen und Ernesti in Leipzig. Ihre Ideen machte er zu den seinigen. Die Darlegung des Lehrziels der einzelnen Klassen und der Art und Weise des Unterrichtsbetriebes wird unsere Behauptung bestätigen.

In den Vordergrund stellte Braun einen gründlichen stufenweise fortschreitenden Unterricht in der lateinischen, griechischen und deutschen Sprache. Außerdem zählten zu den obligaten Lehrgegenständen: Religion, Kirchengeschichte, Mythologie, Weltgeschichte und Geographie, sowie die Geschichte der schönen Künste und Wissenschaften. Als fakultativer Lehrgegenstand trat die französische Sprache hinzu. Alle diese Lehrgegenstände mußten nach Lehrbüchern, die in deutscher Sprache abgefaßt waren, vorgetragen werden.

Wenn auch die Ausschließung der mathematischen Fächer aus dem Gymnasiallehrplan zu tadeln ist, so bleibt es doch unstreitig ein Verdienst Brauns, der deutschen Sprache einen ansehnlichen Platz unter den übrigen Lehrgegenständen eingeräumt zu haben.

Hatte der Schüler in den Elementar- oder Realschulen die notwendigsten Regeln der deutschen Grammatik erlernt, so war nach Brauns Absicht dieser Unterricht in den zwei grammatischen Klassen zu erweitern und zu beendigen. Dabei legte der Kanonikus ein besonderes Gewicht auf eine genaue Einführung der Schüler in die Satzlehre und reihte daran die Forderung, den Zöglingen Fertigkeit im Lesen, korrekte Aussprache und eine sichere Orthographie beizubringen.

Ferner empfahl Braun zur Erlangung einer sprachrichtigen Schreibweise fleißige Lektüre der besten Werke unserer Schriftsteller, wobei die Schüler vom Lehrer auf die Schönheit und die richtige Wahl der Wörter, auf die Zierlichkeit des Ausdruckes hinzuweisen wären.

In der lateinischen Sprache hob er als Zielpunkt den weiteren Ausbau der Grammatik hervor und betonte eine gute Aussprache der einzelnen Vokabeln und eine sorgfältige Orthographie.

Die Winke, die Braun den Lehrern für den ersten Unterricht in der lateinischen und deutschen Sprache gab, sind zu interessant, als daß man sie übergehen dürfte. Nach seiner Ansicht ist es am vorteilhaftesten den deutschen und lateinischen Unterricht in der Art Hand in Hand gehen zu lassen, daß der Lehrer zur Anregung der Knaben zum Nachdenken und Vergleichen einen Abschnitt der lateinischen Grammatik in Bezug auf die deutsche Sprache erörtere und auf die Verschiedenheit und Ähnlichkeit der beiden Sprachen aufmerksam mache. Auch wollte Braun als Feind des mechanischen Auswendiglernens die lateinischen Regeln an praktischen Beispielen geübt wissen.

Nicht weniger erwähnenswert und pädagogisch richtig ist die Forderung Brauns, anfänglich mehr aus dem Latein ins Deutsche, als aus dem Deutschen ins Latein übersetzen zu lassen, dabei aber die Aufgaben nur aus guten alten Schriftstellern zu nehmen und zur Erzielung sprachlicher Gewandtheit im Deutschen und Lateinischen die Schülerarbeiten mit einer guten Übersetzung zu vergleichen und nach dem innern Gehalt zu beurteilen.

Zur Lektüre für die genannten zwei grammatischen Klassen war bestimmt Cornelius Nepos, Phaedrus und die leichteren Briefe von Cicero; zugleich sollte sich die Erklärung des Gelesenen nicht allein auf die Grammatik, sondern vorzugsweise auf den Inhalt des zu behandelnden Abschnittes erstrecken.

Neben dieser Vorschrift ward dem Lehrer ans Herz gelegt, den mit den Klassikern noch wenig vertrauten Schülern zur Bewältigung schwieriger Partien der Schriftsteller so lange belehrend beizustehen, bis sie sich selbst helfen könnten.

Das Lehrziel in der griechischen Sprache bestand in einer genauen Einübung der Accentlehre, der Deklination und der Konjugation, sowie der wichtigsten Regeln der Syntax. Zur Einführung in die griechische Lektüre empfahl Braun einige Chrestomathien z. B. Gesneri Chrestomathia Lips. 1753, Harlefsi, Chrestomathia poetica Coburg 1768.

Wie in den sprachlichen Gegenständen, forderte er auch in den übrigen Fächern einen gründlichen, den Verstand bildenden Unterricht.

Für die erste Klasse stellte Braun als Unterrichtsstoff in der katholischen Religionslehre fest: Den Abschnitt der Bibel von der Schöpfung bis zur Sintflut; aus der Sittenlehre: Die Pflichten gegen Gott; aus der Dogmatik: Das erste Hauptstück.

Für die zweite Klasse: Aus der Bibel den Abschnitt: Von der Sintflut bis zur Regierung der Könige; aus der Moral: Die Pflichten gegen sich selbst; aus der Dogmatik: Das zweite Hauptstück.

Sehr angenehm berührt die gebührende Berücksichtigung der Geographie und Geschichte und deren Gleichstellung mit den sprachlichen Fächern. Es sollte nach des Reformators Ansicht der Unterricht in der Geographie nicht in einem mechanischen Aufzählen des Gelernten beruhen, sondern derselbe den Schülern durch Atlanten und Bildwerke unter besonderer Berücksichtigung des physikalischen und politischen Teils veranschaulicht werden.

Bezüglich der Einteilung des Lehrstoffes erregt die Bestimmung, in der ersten Klasse die vier Weltteile, in der letzten (fünften) Bayern vorzutragen, unser Bedenken. Es liegt doch in der Natur der Sache, vom Bekannten auf entfernt Liegendes überzugehen.

Für die zweite Klasse war vorgeschrieben. Portugal, Spanien, Frankreich, Italien und Grofsbritannien.

Hinsichtlich der Geschichte wich Brauns Stoffeinteilung nicht sehr von den für unsere Schulen getroffenen Bestimmungen ab. Für die erste Klasse schrieb er vor: Die Geschichte bis ans Ende der römischen Monarchie; für die zweite Klasse: Die ersten neun Jahrhunderte der Profan- und Kirchengeschichte.

Da in den folgenden Klassen die Lektüre der klassischen Schriftsteller ziemlich ausgedehnt betrieben werden sollte, so suchte Braun durch die Anordnung, die Schüler der ersten Klasse in die Mythologie, die der zweiten in die Geschichte der römischen Altertümer und Gebräuche einzuführen, das Verständnis der Lektüre zu erleichtern.

Endlich wurde den Schülern des ersten Kursus das Wichtigste aus der Geschichte der schönen Künste und Wissenschaften zur Vorbereitung für die Dicht- und Redekunst vorgetragen.

Gesteigerte Anforderungen stellte der Reformator an die Schüler der Epistolarklasse, in der die theoretische und praktische Anleitung der Zöglinge zu kleineren selbständigen Arbeiten, wie Briefen, Bittschriften Erzählungen, Beschreibungen eine der wichtigsten Aufgaben dieses Jahres bildete.

Was von der deutschen Sprache gesagt wurde, gilt auch von dem Unterricht im Latein. Das Übersetzen aus dem Deutschen ins Lateinische und umgekehrt wollte Braun in dieser Klasse noch fortsetzen. Aber die deutsche Übersetzung sollte nicht mehr sklavisch dem lateinischen Texte angepafst sein, sondern den deutschen Sprachgenius berücksichtigen.

Zur Lektüre schlug er vor: Ciceronis und Plinii epistolae, Minucius Felix, Julius Caesar, Curtius, Terentius, Ovidii epistolae ex Ponto et ex libris tristium.

Zur Vorbereitung für die nächste Klasse wurde noch die Metrik und die Prosodie gelehrt. Was den Religionsunterricht anlangt, so war die Bestimmung getroffen, die Geschichte der Könige bis auf die Ankunft des Heilandes, die Pflichten gegen Gott und das dritte Hauptstück vorzutragen.

In der Geographie bildeten die übrigen europäischen Länder (Dänemark, Norwegen und Schweden, Polen, Ungarn, das europäische Rufsland und die europäische Türkei) den Lehrstoff der dritten Klasse.

Wie die Schüler der vorhergehenden Abteilung, so beschäftigte auch die der dritten Klasse ein allzu ausgedehntes Gebiet in der Geschichte, nämlich die letzten neun Jahrhunderte der Profan- und der Kirchengeschichte.

Eine herrliche Zugabe zu den genannten Lehrgegenständen bestand in der Geschichte der schönen Wissenschaften und freien Künste unter den Griechen und Römern.

Hatten die Schüler allen diesen Anforderungen Genüge geleistet, so war denselben der Eintritt in die nächste, poetische Klasse gestattet.

Die Hauptaufgabe dieses Kursus bestand darin, die Gymnasiasten anzuleiten 1. die Dichter lesen, 2. sie beurteilen, 3. die Schönheit ihrer Diktion und Gedankenfülle nachahmen zu lernen. Dagegen verbot Braun die Schüler allzusehr mit Versemachen zu plagen, was bei den Jesuiten geschah, deren darauf bezügliche Schulaufgaben ebenso (rätselhaft) waren wie ihre prosaischen Argumente.

War die Theorie der deutschen, lateinischen und griechischen Dichtungsarten den Schülern durch einen guten Unterricht zum Verständnis gereift, — die beiden letzteren durch eine gründliche Lektüre des Aristoteles und der ars poetica des Horaz — so sollte dieselbe durch das Studium der Dichter vervollständigt und plastisch zur Anschauung gebracht werden.

Zur Erreichung dieses Zweckes und zur Begeisterung für die Poesie ist nach Braun am geeignetsten eine Auslese aus den epochemachenden Werken unserer berühmten Dichter, wie Klopstock, Ramler, Hagedorn, Christian Ewald von Kleist, Wieland, Lessing etc.

Von den römischen Schriftstellern schlug er für diese Klasse vor: Phaedrus, Vergilii eclogae, Martialis, Horatii sermones et satirae, Juvenalis et Persii satirae, Horatii odae, Terentius, Seneca, Vergilii Aeneis.

Aufserdem bezeichnete der bayerische Schulreformator auch einen Kranz von griechischen Klassikern, aus denen die Schullektüre gewählt werden könnte: Aesop, Theocrit, Pindar, Anacreon, Aeschylus, Sophocles, Euripides, endlich Homer.

Man sieht, dafs der Kanonikus nicht so ängstlich in der Auswahl der Klassiker vorging, als die Jesuiten, die an Stelle der antiken Schriftsteller christliche in den Schulen einzuführen suchten.

Aber neben der Freiheit bezüglich der Auswahl der Klassiker waren auch Brauns Vorschriften für die Behandlung der Schriftsteller vortrefflich. „Man dürfe nicht", sagte er, „wie früher in den Jesuitenschulen die Werke der gröfsten Staatsmänner nur der Latinität halber lesen, sondern hauptsächlich um die Erkenntnis der tiefen politischen und philosophischen Betrachtungen zu fördern." Der Lehrer gebe daher zuerst einen belehrenden Vorbericht über die Lebensverhältnisse des Autors, über den Inhalt, Zweck und Plan des Werkes und dann erst gehe er an die Lektüre und erörtere dabei den Schriftsteller nach seiner sprachlichen, sachlichen und ästhetischen Seite; letztere besonders bei Dichtern.

Aufser der Dichtkunst bildete die Pflege des Prosastils noch einen wesentlichen Faktor dieses Kursus. Da die Schüler eine gute prosaische Schreibart lediglich durch fleifsiges Lesen der Schriftsteller, durch Nachahmung ihrer Diktion und besonders durch stete Übung erlangen, so war die Anfertigung von Aufsätzen historischen Inhalts, sowie die Ausarbeitung philosophischer Themata vorgeschrieben. Auch Versuche mit kleineren Reden oder mit Aufsätzen satirischen Inhalts wurden geraten.

Zum Studium der Theorie eines guten Stils empfahl Braun einige damals bedeutende Schriften. Ramlers Einleitung in die schönen Wissenschaften Leipz. 1769, Fabers Anfangsgründe zu den schönen Wissenschaften Mainz 1767, Basedows Lehrbuch prosaischer und poetischer Wohlredenheit Kopenh. 1756.

Zu den lateinischen Prosaschriftstellern dieser Klasse zählten: Livius, Suetonius, Tacitus, Seneca, ausgewählte philos. Schriften Ciceros und Lactantius.

Hinsichtlich der übrigen Lehrgegenstände können wir uns kürzer fassen. In der Religion sollte durchgenommen werden: Die Geschichte Jesu; die Pflichten gegen den Staat und den Landesherrn, ferner das vierte Hauptstück.

Das Unterrichtsthema in der Geographie und Geschichte bildete Deutschland, die Schweiz und die Niederlande, dann die Reichsgeschichte.

Endlich war die Geschichte von dem Verfall und der Wiederherstellung der schönen Künste und Wissenschaften in das Lehrprogramm aufgenommen.

In dem obersten sogenannten rhetorischen Kursus ward der Schlufsstein zu einer logisch richtigen und zierlichen Schreibart gelegt.

Der Lehrer, der die Schüler in der Poesie unterrichtete, sollte sie auch in der Rhetorik unterweisen, also mit ihnen aufsteigen. Derselbe war angewiesen, die Schüler durch die Lektüre der Rhetorik des Aristoteles und Quintilians de institutione oratoria in die Theorie des oratorischen Stils einzuführen und ihre Kenntnisse in gröfseren selbständigen Arbeiten bethätigen zu lassen.

Zur Klassenlektüre waren folgende Schriften lateinischer und griechischer Klassiker vorgeschrieben: Ciceronis selectae orationes, Cato maior, de natura deorum, somnium Scipionis, de oratore, Quintiliani dialogus, de causis corruptae eloquentiae, Livius; dann Thucydides und Demosthenes.

Zum Schlusse müssen wir noch die Stoffeinteilung in den übrigen Disziplinen mitteilen.

In den Religionsstunden ward die Apostelgeschichte, die gesellschaftlichen Pflichten gegen alle Menschen und das fünfte Hauptstück der Dogmatik behandelt.

Endlich trug man neben der bayerischen Geschichte und Geographie die Entwicklungsperioden der Künste und Wissenschaften besonders in Deutschland vor.

Dieses ist der Inhalt der Pläne, zu deren Prüfung der Kurfürst eine Kommission aufstellte, in welcher der Geistliche Ratspräsident, Graf von Spretti, den Vorsitz führte und zu Mitgliedern die Exjesuiten, der Baron von Gugler, die Professoren Steiner und Gerhardiner, ferner Kohlmann und Kennedy, sowie der Schulrektor Rapp und Braun fungierten. Letzterer griff nicht wesentlich in die Verhandlungen ein, da er seine Reformideen in seiner im Drucke erschienenen Schrift bekannt gegeben hatte, sondern führte das Protokoll. Ickstatt war zwar zur Beratung geladen, erschien aber nicht, da er den Urteilsspruch der gröfstenteils aus Gegnern seines Planes zusammengesetzten Kommission vorausahnte.

Waren ja gleich nach dem Bekanntwerden seiner in der Akademie gehaltenen Rede die Jesuiten und mit ihnen der gröfste Teil des übrigen Klerus gegen ihn aufgetreten in der Besorgnis, es möchte durch die Pflege der naturwissenschaftlichen und mathematischen Studien der Glaube des Volkes geschädigt werden. Denn Ickstatt hatte in seiner Rede unumwunden zugegeben, dafs durch das Aufblühen dieser Wissenschaften die vielen Vorurteile gegen die neue Richtung, sowie der Aberglaube, der damals in Bayern sehr verbreitet war, mehr und mehr verschwinden müfste. Allein Aberglauben war ja damals identisch mit Glaube; darin wurde das Bayernvolk grofsgezogen.*) Es ist daher nicht zu verwundern, wenn bei einer solchen Gesinnung des Klerus die Ordinariate von Freising, Regensburg und Eichstätt, wie Lipowsky in der Geschichte der Schulen Seite 300 berichtet, gegen einige in der Rede Ickstatts ausgesprochene Grundsätze Beschwerde beim Kurfürsten erhoben, und aufserdem ihren Einflufs auf die Kommissionsmitglieder ihrer Richtung geltend machten.

Über die Beratung selbst haben wir keine eingehenden Nachrichten. Es wird in der pragmatischen Geschichte nur der verschiedenen Anschauungen der

---

*) Ich erwähne nur ein Faktum, um dadurch zu zeigen, welchen Sturm ein grofser Teil der Geistlichkeit gegen die Bemühungen der Akademiker, diesem Übel zu steuern, erhob. Als einige Jahre früher (1766) das Akademiemitglied Ferdinand Sterzinger in einer Rede die Unsitte des Klerus geifselte, den Glauben an Hexen durch Verteilung von Wettersegen, Teufelsgeiseln, Kreuzen und Präzepten wider die Hexerei zu pflegen, trat die Geistlichkeit, entrüstet über sein Wagnis, gegen ihn auf, ein Augustinermönch suchte sogar in einer Predigt nachzuweisen, dafs man von dem schlechten Glauben an die Hexerei auf den schlechten Glauben an die katholische Kirche schliefsen müsse.

Mitglieder über die Wahl eines der vorgelegten Schulpläne und über die Frage, ob Fachlehrer oder Klafslehrersystem einzuführen sei, Erwähnung gethan.

Die eine Partei mit Kohlmann an der Spitze, der, wie sich später zeigen wird, sich mehr zu den Ickstattischen Ideen hinneigte, erklärte sich für das erstere System, während Braun als Vertreter der humanistischen Richtung mit seinem Anhang jener Forderung entgegentrat und auch den Sieg in dieser Streitsache davontrug.

Diese Entscheidung aber zog Braun die üble Nachrede zu, er habe die Jesuiten, die auch für das Klafslehrersystem eintraten, für sich gewonnen, um wieder in die Höhe zu kommen. Wie ungerechtfertigt aber diese Anklage war, ersieht man besonders aus dem vor den Reformverhandlungen verfafsten Buche Brauns „Gedanken über Erziehung etc.", worin er die Anschauung zum Ausdruck brachte, den Klafslehrern würde neben dem Unterricht die Förderung der sittlich religiösen Erziehung, die richtige Beurteilung und bessere Ausbilduug der individuellen Anlagen der Schüler eher möglich sein, als einer Reihe von Fachlehrern. Auch wurde Braun sogar wegen seines Planes, der sich bezüglich der Klasseneinteilung an die frühere Schulordnung anschliefst, der Parteinahme für die Jesuiten verdächtigt, da die Kommissionsmitglieder dieses Ordens als Vertreter des Humanismus und aus prinzipiellen Gründen Brauns Vorschläge zur Annahme empfahlen und durchbrachten. Diese Verdächtigungen, aus purer Gehäfsigkeit der Gegner entspringend, waren ebenfalls grundlos, wofür das frühere und spätere Verhalten Brauns gegen die Jesuiten spricht. Als Hauptgegner solcher pädagogischen Grundsätze trat der Verfasser der Beiträge auf, der den Ickstattischen Ideen das Wort redete.

Der Plan des Kanonikus wurde, wie oben erwähnt, genehmigt, jedoch mit dem Vorbehalt denselben nach Gutdünken ändern zu dürfen. Warum und von wem dieser Antrag eingebracht wurde, darüber schweigen die Quellen. Aber die Benützung dieser Klausel von Seite der Gegner zur Herstellung eines Planes in ihrem Sinne machte die Vermutung wahrscheinlich, dafs dieser Antrag von Kohlmann oder von einer andern Persönlichkeit der Gegenpartei ausgegangen war.

Nach Erledigung dieser Fragen blieb der Kommission nur noch übrig, Anstalten bezüglich der Schulleitung zu treffen. Man einigte sich nach langen Beratungen dahin, die Vorstandschaft über die Schulen nur einer oder höchstens zwei Personen zu übertragen und hat daher den Kurfürsten geeignete Persönlichkeiten zu ernennen. Kurz darauf erschien eine kurfürstliche Entschliefsung, die zwei Kommissäre nämlich Braun für die inferiora (Gymnasien), Kohlmann für die altiora (Lyceen) aufstellte und zugleich jedem die Schuldisziplin in seiner Sphäre übertrug.

Braun mufste diese Bestimmung sehr unangenehm berühren. Jedenfalls hatte er eine solche Zusammenstellung mit einem Gegner, der schon früher zu seiner Enthebung von der Direktion der Elementarschulen beigetragen hatte, und der auch bei den Beratungen über die Gymnasialreform entgegengesetzte Ansichten bekundete, nicht erwartet. Es ist sehr wahrscheinlich, dafs Braun deshalb — die Quellen geben hierüber keinen Aufschlufs — dieser Berufung nicht Folge leistete. Bei diesen Gegensätzen war ja ein einheitliches, segensreiches Zusammenwirken nicht möglich. Wenn das Wirkungsgebiet eines jeden auch abgegrenzt war, so berührten sie sich doch in vielen Beziehungen, und es mufste bei den entgegengesetzten Anschauungen zu Zwistigkeiten kommen. Der Kurfürst stellte nun Steeb für die Aufrechterhaltung der Schuldisziplin, Kohlmann für den wissenschaftlichen Teil auf. Anfangs erstreckte sich die Gewalt dieses Schuldirektoriums auch über die Schulen in Ingolstadt, doch schon im ersten Jahre der Wirksamkeit der neuen Direktion wurden diese Anstalten wieder gesondert und blieben bis zum Tode Ickstatts unter dessen sowie des Geheimen Rats Lori Leitung.

Was die neuen Schuldirektoren betrifft, so wird Steeb als ein thätiger Mann, als ein Freund der gröfsten Genauigkeit und Pünktlichkeit geschildert. Davon zeugt auch seine Schulordnung, in der für alle, sogar für die unbedeutendsten im Schulleben vorkommenden Fälle die eingehendsten Verordnungen gegeben waren. Auf diese einzelnen Bestimmungen einzugehen, würde uns zu weit führen. Wichtig dagegen ist für uns der von den beiden Kommissären neuaufgestellte Schulplan. Sie benützten nämlich die Klausel, unter welcher der Braunsche Plan genehmigt war, und stellten ein Lehrsystem her, das den Humanismus und Realismus enger verband. Die beigedruckten Tabellen enthalten den Plan.

Lehrplan v. Steebs und Kohlmanns 8. August 1774.

Realschule.

	Christentum u. Sittenlehre	Sprachen	Historische Wissenschaften	Philosophische Wissenschaften
I. Klasse	Christentum und Sittenlehre in einem höheren Grade.	1. Schönschreibkunst. 2. Anfangsgründe der deutschen Sprache, nämlich Orthographie u. Etymologie mit kleinen Übungen.	1. Geographie. 2. Grundrifs der bibl. Geschichte.	1. Fortsetzung d. Rechenkunst. 2. Grundrifs der Land- und Stadtwirtschaft. 3. Grundrifs der Naturgeschichte.
II. Klasse	Fortsetzung des Obigen.	1. Fortsetzung d. Schönschreibkunst. 2. Deutsche Syntax mit gröfseren Übungen.	1. Fortsetzung d. Geographie. 2. Wiederholung der biblischen Geschichte. 3. Grundrifs der allg. Geschichte.	1. Fortsetzung v. obigen drei Gegenständen. 2. Anfangsgründe zu denken. 3. Praktische Geometrie.

Die lateinische und ausländischen Sprachen, nebst der Zeichnungskunst werden zu aufserordentlichen Stunden von besonderen Lehrern gegeben.

Gymnasium.

	Christentum u. Sittenlehre	Sprachen			Histor. Wissenschaften			Philosoph. Wissenschaften		
		Deutsche	Lateinische	Griechische	Geographie	Universal-Historie	Literat. Gesch.	Rechenkunst	Geometrie	Natur-Gesch.
I. Klasse oder Rudimenta.	1 Katechismus. 2. Biblische Geschichte. 3. Moral, die Pflichten gegen Gott.	Übung aus einer Chrestomathie.	1. Grammatik. 2. Chrestomathia anctorum classicorum.		Die vier Weltteile.	Weltgeschichte bis Ende der römischen Republik.	Geschichte der Gelehrsamkeit samt einer Kritik über den Charakter der Gelehrten und ihrer Schriften und kurzgefasste Auszüge ihrer Lebensgeschichten.	1. Wiederholg. des Obigen. 2. Die algebraischen Charaktere.	Longimetrie: 1. Linien, Winkel; Zirkel; 2. Aufgaben auf d. Papier.	Fortsetzung der Naturgeschichte mit Einmischung einiger Gründe von der Naturlehre.
II. Klasse oder Grammatica.	1. Der grössere Katechismus. 2. Biblische Geschichte. 3. Moral, die Pflichten gegen sich selbst.	Fortsetzung dieser Übung.	1. Grammatik. 2. Chrestomathia anctorum classicorum.	Lesen, Schreiben, Deklinieren, das Verbum cpk.	Portugal, Spanien, Frankreich, Welschland, Grofsbritannien.	Die ersten 9 Jahrhunderte d. Profan- und Kirchengeschichte.		1. Brüche. 2. Ind. Algebra die Addition.	1. Kenntnis geometrischer Instrumente, Aufgaben auf d. Papier und Felde.	
III. Klasse oder Syntaxis.	1. Fortsetzung des Katechismus. 2. Biblische Geschichte. 3. Moral, die Pflichten gegen den Nächsten.	Fortsetzung dieser Übung.	Chrestomath. auct class.	Wiederholung, Konjugieren, Explizieren leichterer Stellen.	Dänen, Norwegen und Schweden, Polen, Ungarn, europ. Rufsland u. Türkei.	Die letzten 9 Jahrhunderte d. Profan- und Kirchengeschichte.		1. Reg. de tri. Societ. etc. 2. Ind. Algebra d. Subtraktion.	1. Planimetrie. 2. Aufgab. auf d. Papier und Felde.	
IV. Klasse oder Poesis.	1. Fortsetzung des Katechismus. 2. Der biblischen Geschichte. 3. Moral, der Pflichten gegen den Staat und Landesherrn.	Anleitung und Muster für den Geschmack, den Stil, die verschiedenen Dichtungsarten.	1. Prosaische Aufsätze. 2. Lateinische u. deutsche Verskunst.	Fortsetzung im Explizieren nach d. Schulbuch.	Deutschland, Schweiz, Niederlande.	Die Reichsgeschichte.		1. Proportionen und Rationen. 2. Ind. Algebra die Multiplikation und Division.	1. Stereometrie, Einteilen der Körper, Netzzeichn. u. Ausmessung der Körper. 2. Aufgaben.	
V. Klasse oder Rhetorica.	1. Fortsetzung, von der bibl. Geschichte. 2. Bibl. Literatur-Geschichte. 3. Moral, die Pflichten gegen alle Menschen.	Ein höherer Grad prosaischer und poetischer Aufsätze in allen Gattungen.	Fortsetzung im Explizieren.	Bayern überhaupt; die 4 Rentämter; Pfalz.	Die vaterländ. Geschichte.			1. Extractio radicum. 2.Wiederholg. des Vorigen. m. Anwendung.	Nur allein prakt. Wiederholung alles Vorigen.	

Die Ansicht Hutters, der in seiner Schrift „die Hauptmomente der Schulgeschichte des alten Gymnasiums zu München" Seite 21 behauptet, Braun habe diesen Schulplan entworfen, ist irrig.

Während Braun eine dreikursige Realschule schaffen wollte, umfaſste die von Kohlmann und Steeb ins Leben gerufene nur zwei Klassen. Infolge der beschränkten Zeit war man genötigt, die lateinische Sprache, die sie unter die Unterrichtsgegenstände aufgenommen hatten, gerade wie die modernen Sprachen als fakultativen Gegenstand zu betrachten und dieselbe in auſserordentlchen Stunden lehren zu lassen. Im übrigen fanden die sämtlich von Braun für die Realschule bestimmten Lehrgegenstände in ihrem Plan Aufnahme. Je mehr sie sich aber hier Braun näherten, um so weiter entfernten sie sich von Ickstatt, dessen Realschule die Knaben vier Jahre lang besuchen sollten, weshalb die Anforderungen in allen Gegenständen besonders in der Mathematik und Naturwissenschaften bei weitem gröſser waren als die der obengenannten Reformatoren. Nur in diesem Punkte trafen Kohlmann und Steeb mit Ickstatt zusammen, daſs auch sie die Realschule als Vorbereitungsstufe zum Gymnasium, nicht wie Braun, als Bürgerschule betrachteten. Ihr Bestreben, eine Verbindung des Humanismus mit dem Realismus herzustellen, zeigt sich besonders in ihrem Plane für das Gymnasium. Hier traten sie ergänzend auf d. h. sie suchten die Mängel des Ickstattischen und des Braunschen Planes dadurch zu beseitigen, daſs sie aus dem einen das entlehnten, was in dem andern fehlte. So finden wir in ihrer Schulordnung die von Braun nicht berücksichtigte Mathematik sowie die Naturwissenschaften fast in der Ausdehnung aufgenommen, in welcher sie Ickstatt gelehrt haben wollte; ebenso ist der deutschen Sprache gerechte Würdigung widerfahren, welcher der eben genannte Organisator keinen Platz im Gymnasium eingeräumt hatte. In den übrigen Fächern haben die Verfasser dieses Lehrplanes dem Gymnasium die gleichen Ziele gesteckt wie Braun. Am 8. Aug. 1774 konnte die neue Schulordnung publiziert werden.

Kohlmann und Steeb gingen nun daran, die nötigen Schulbücher anfertigen zu lassen. Zu diesem Behufe ersuchten sie Braun, wahrscheinlich um ihn durch die Beiziehung zu den Schulgeschäften zu versöhnen, diese Arbeit mit Hilfe einiger Professoren zu übernehmen. Aber Braun lehnte dieses Ansuchen ab. Das konnte man ihm auch nicht verargen, waren ja die genannten Schuldirektoren Gegner seiner pädagogischen Ansichten. Er lief somit leicht Gefahr, mit seinen Büchern bei ihnen keinen Anklang zu finden. Leider aber war die Form der Ablehnung tadelnswert, denn dadurch wäre fast eine ruhige Entwickelung des damaligen Schulbetriebes gestört worden. Mag auch Braun die Aufstellung eines neuen Planes schmerzlich berührt haben, so hätte er doch im Interesse der Schulen leidenschaftslos vorgehen und nicht an dem Schulplan alle erdenklichen Ausstellungen machen sollen. Er gab vor, so berichtet der Verfasser der pragmatischen Geschichte, nach dieser „Plantabelle die Schulbücher nicht mit Ehren machen zu können, denn sie wäre nicht unterrichtender als ein Komödienzettel oder Kalender, worunter nur der Unterschied sei, daſs anstatt der Personen und Heiligen da Namen von Sprachen und Disziplinen stunden." Besonders scharf tadelte er die Verquickung der bürgerlichen Erziehung mit der gelehrten, weswegen das Kurfürstliche Schuldirektorium vor dem Beginn der Herstellung von Schulbüchern ein Methodenbuch herstellen müsse, um die Möglichkeit passende Lehrbücher sowohl für künftige Bürger als auch Gelehrte schreiben zu können, darzuthun und zugleich die Ausdehnung der in den einzelnen Klassen vorzutragenden Gegenstände anzugeben, da dieser Punkt aus dem Schulplane nicht ersichtlich sei. Vor allem liefs sich B r a u n über die geringen Anforderungen in der Arithmetik aus, in lem er sagt: „Die Arithmetik wäre auf 7 Jahre eingeteilt, und es wäre doch nicht mehr darin, als ein fähiger Knabe in 7 Monaten bequem lernen könnte; er wisse also nicht, wie er ein Lehrbuch in 7 Teilen für diese Klassen herstellen sollte."

Damit lehnte der Kanonikus das Ansinnen K o h l m a n n s und S t e e b s ab und berichtete unaufgefordert über die gemachten Wahrnehmungen an den Kurfürsten, der daraufhin die Schuldirektion aufforderte, sich zu rechtfertigen. Dieser Schritt B r a u n s war freilich sehr verwerflich, denn einerseits hätte derselbe über die angeführten Punkte von den Vorständen der Gymnasien leicht Aufschlufs erhalten, andererseits aber war dadurch der ruhige Schulbetrieb fast in Frage gestellt. Doch Dank der Energie der Schuldirektion wurden die Einwände B r a u n s widerlegt. Den ersten Vorwurf machte sie zu nichte durch den Hinweis auf ihre Protokolle, die genauen Aufschlufs über das den einzelnen Klassen zugewiesene Jahrespensum gäben und die Gründe für die Umformung des B r a u n schen Planes enthielten. Zugleich hob die Direktion den grofsen Nutzen ihrer Einrichtung hervor, da diese mit der Forderung der Zeit besser in Einklang stünde.

Den letzten Vorwurf endlich |hinsichtlich der Arithmetik widerlegte sie ebenfalls durch ihre Protokolle, in denen über die Ausdehnung und Behandlungsweise dieses Lehrgegenstandes, der in den Gymnasien mehr einen wissenschaftlichen Betrieb verlange, ausführlich gesprochen sei.

Durch diese Antworten waren für den Augenblick wenigstens die Hauptstörungen in der Entwicklung der Gymnasialverhältnisse beseitigt. B r a u n wurde der Arbeit überhoben und einige Professoren, unter denen B u c h e r, S u t o r, D u f r e n e, W e s t e n r i e d e r zu erwähnen sind, machten sich an die Abfassung brauchbarer Bücher, von denen die besten mit Preisen gekrönt wurden. Am ehesten wurden die Realschulen mit Büchern versehen. Diese Lehrbücher, deren dogmatische Darstellung noch an jene aus der Jesuitenzeit erinnert, sind dem Geist der Zeit entsprechend in guter deutscher Sprache abgefafst und ernteten fast allgemeinen Beifall; so besonders die von W e s t e n r i e d e r entworfene Geographie. Die Herstellung der Bücher war somit erledigt; aber eine völlig ruhige Entwicklung der Anstalten war noch nicht möglich, da die Gegner der Schuleinrichtungen sich von neuem erhoben.

Streitigkeiten in prinzipiellen Fragen lassen sich immer mit vernünftigen Gründen beilegen, weit gefährlicher sind aber Angriffe, die der Verleumdungssucht entspringen. Solch schmählicher Mittel bedienten sich die damals in Bayern als Lehrer wirkenden Exjesuiten, um dadurch den beiden Oberschuldirektoren S t e e b und K o h l m a n n den Boden unter den Füfsen weg zu ziehen. Sie beschuldigten nämlich den einen der Organisatoren des Deismus, den andern der Freigeisterei und zwar in einer Schrift an den Kurfürsten, worin sie noch viele andere unbescholtene Männer des Atheismus und Jansenismus ziehen. Doch diesmal hatten sie die Rechnung ohne den Wirt gemacht. Der Kurfürst beantwortete ihre Anklagen damit, dafs er die Schrift dem Feuer übergab. Wie gegen die Oberleitung, so suchten sie auch gegen ihre Kollegen, die teils Ordensteils Weltgeistliche waren und mehr im Sinne der neuen Schulorganisation wirkten, bei Hoch und Nieder, selbst bei den Schülern zu intriguieren. Es wurde ausposaunt, unter den Studierenden herrsche Ungehorsam und Aufruhr gegen die Lehrer. Die Weltpriester besäfsen nicht die nötige Fähigkeit und Einsicht für das Lehrfach; die Mönche hätten aus Mutwillen, aus Freiheitsliebe und um den Genüssen mehr frönen zu können, ihre Klöster verlassen.

Aufserdem benützten sie jede Gelegenheit, die nach ihrer Ansicht dem katholischen Glauben gefährlichen, von Mitgliedern des Lehrkörpers verfafsten Schulbücher an den Pranger zu stellen, um unter dem Publikum irrige Ansichten über die Schulen zu verbreiten. Hiezu bot der für die Realschulen von Westenrieder verfafste Katechismus Stoff und Gelegenheit. Es hiefs dieser „Kurze Inbegriff der christkath. Lehre" — diesen Titel führte der Katechismus — enthalte wesentliche Stücke der katholischen Religion nicht, viele Definitionen darin seien falsch und Westenrieder ginge in der Lehre von der Glückseligkeit der Menschen nicht über den Naturalismus und Deismus hinaus, ferner habe er sich der Ausdrucksweise Luthers bedient und die Hölle so geschildert, als gäbe es kein Fegfeuer." Wie ein Lauffeuer verbreitete sich die Kunde davon durch München. Die Bevölkerung soll über den lutherischen Katechismus so empört gewesen sein, dafs jene Professoren, die nicht Jesuiten waren, etliche Tage hindurch kaum auf den öffentlichen Gassen sich blicken lassen durften.

Man sieht aus der Inscenierung dieses Aufruhres, was die Jesuiten beabsichtigten. Unparteiische Leute, aufrichtige Förderer der Schulen hätten ohne Aufsehen bei der zuständigen Behörde Schritte gethan, zur Beseitigung des wenn auch etwas naturalistisch*) gefärbten, doch für den Glauben der Schüler bei weitem nicht so gefährlichen Katechismus, der ja auch vom Würzburger Ordinariate für gut katholisch erklärt wurde. Aber die Jesuiten gingen noch weiter und brachten diese Angelegenheit vor das Forum der benachbarten Ordinariate. Der Bischof von Freising legte dann wegen des Katechismus Beschwerde beim Kurfürsten ein, der die Sache nun selbst in die Hand nahm. Nach dem Bericht des Verfassers der Beiträge prüfte er das Büchlein auf das genaueste. Obwohl er, heifst es dort, nichts Anstöfsiges fand, verbot er doch als Feind der fortwährenden Streitigkeiten die Einführung des Katechismus und bezahlte die Kosten der ganzen Auflage aus seiner Tasche.

---

*) Es war die Zeit, in welcher zahlreiche katholische Geistliche, selbst Bischöfe, die Kirchenlehre mit der Philosophie und der humanen Bildung in Einklang zu bringen suchten, statt der Dogmatik die Sittenlehre in den Vordergrund stellten und gegenüber kirchlicher Engherzigkeit, Menschenliebe und gegenüber gedankenlosem Mitmachen überladener religiöser Übungen, die Anbetung Gottes im Geiste und in der Wahrheit predigten. (Kluckhohn.)

Es scheint aber nach den Angaben gleichzeitiger Schriftsteller dieser Bericht der Beiträge an einigen Unrichtigkeiten zu leiden. Denn es ist kaum glaublich, dafs der Kurfürst den Katechismus, wenn er in jeder Hinsicht tadellos gewesen wäre, unterdrückt hätte. Er mufste ja die weiteren Konsequenzen seiner Nachgiebigkeit befürchten. Aufserdem war der Fürst nicht so leicht zur Erfüllung von Wünschen der Jesuiten zu bewegen, die dem Hasse gegen die damalige Schuleinrichtung entsprangen. Ich erinnere nur an die Streitigkeiten, die der Braunsche Katechismus erregte; dort nahm er entschieden Stellung gegen die Ordinariate.

Hier lag die Sache etwas anders. Der Verfasser der pragmatischen Geschichte, der sich einen stillen wahren Verehrer Westenrieders nennt, gibt einige Fehler des Büchleins zu. Er wünscht, dafs Westenrieder nie an ein so kitzliches Werk die Hand angelegt hätte, und gesteht, dafs es kein Buch für die Realschulen sei, da die Schreibart zu dunkel, die Lehrsätze zu tief philosophisch bewiesen seien. Einige wesentliche Stücke der katholischen Religion fehlten, was sich freilich entschuldigen liefse, da es nur ein Inbegriff wäre und infolgedessen nur eine Vorbereitung zu einem gröfseren Buche oder einen Anhang dazu bilden sollte. Auch bezüglich der Darlegung der menschlichen Glückseligkeit und wegen der Nachahmung des lutherischen Stiles konnte dieser Verfasser den Westenrieder nicht völlig rein waschen.

Da dieser Berichterstatter die Sachlage ohne Vorurteil auseinandersetzte, so liegt kein Grund vorhanden seiner Ansicht nicht beizupflichten. Es geht aus seinen Worten hervor, dafs dieses Buch zwar nicht gerade religionswidrig, aber doch so abgefafst war, dafs es der Kurfürst nicht billigen durfte. Es war seine Aufgabe, alles zu vermeiden, wodurch die bei einem Teil des Klerus so verhafsten Schulen noch mehr in Mifskredit kämen, da dieser durch seine Predigten die Anstalten beim Publikum zu verdächtigen suchte.

In diese unangenehme Sache wurde auch Braun verwickelt, was ihm von einer Seite den Namen eines Denunzianten einbrachte. Der Verfasser der Beiträge schreibt Seite 185: „Kein Mensch wird in diesem Büchlein etwas der Religion Nachteiliges finden. Und wer sollte es glauben? Der Herr Geistliche Rat Braun fand, dafs es schnurgerade zum Naturalismus führe, fand sich im Herzen verbunden, dieses verführerische Büchelchen den Kindern aus den Händen zu entwinden, schlich deswegen von einigen Exjesuiten, welche noch verschiedene Herzen in ihrer Gewalt hatten, unterstützt, bei einigen Grofsen herum, legte allenthalben seine unterthänigste Meinung mit dem Geiste des Eifers für die Religion vor, bis er einige fand, welche dem Kurfürsten davon Nachricht gaben."

Wenn diese Angaben der Wahrheit entsprächen, wenn Braun unaufgefordert in dieser Weise gehandelt hätte, so würde diese That seinem Charakter einen bedeutenden Mackel aufdrücken. Glücklicherweise sind wir aber über diese Angelegenheit auch von anderer Seite, von dem Verfasser der pragmatischen Geschichte und von dem der Ehrenrettung Brauns[*] unterrichtet, die beide in der Behandlung der Frage eingehender und objektiver zu Werke gingen.

---

[*] Die im Jahre 1778 zu München erschienene Ehrenrettung Heinrich Brauns gegen die Beiträge zu einer Schul- und Erziehungsgeschichte in

Der erstere sagte Seite 86 darüber: „Herrn Braun legen seine Gegner zur Last, dafs er selbst mitgeholfen, wo nicht gar die Sache denunziert hatte. Er ist eben kein Ketzermacher, vielmehr ist er selbst am meisten verketzert und herumgeketzert worden Dafs er ein schriftliches Gutachten abgegeben hat, das ist gewifs; er gibt aber vor, es hätte der selige Kurfürst durch den Grafen von Berchems Exzellenz seine Meinung und sein Gutachten darüber abgefordert. Wenn er es aus eigenem Antrieb gethan hätte, so wäre es wohl gar nicht schön." Nun werden diese Angaben durch die Auseinandersetzungen in der Ehrenrettung Heinrich Brauns noch näher ergänzt. „Zu dreust," heifst es Seite 16, „wird allen denjenigen eine gesunde Philosophie abgesprochen, welche dieses Büchelchen eben für kein Schulbuch für Kinder gelten lassen wollen. Alle benachbarten hohen Ordinariate gaben ihre bedenklichen Punkte darüber ein. Sr. Hochfürstlichen Gnaden der Fürstbischof von Chiemsee betrieb die Unterdrückung hauptsächlich. Diese erfolgte bei höchster Stelle. Der Herr Kanonikos Braun nahm eben drei Tage hinter einander Medizin und kam nicht einmal aus seinem Zimmer, wie kann er dann, von einigen Jesuiten unterstützt, bei einigen Grofsen herumgelaufen sein? Da das Lärmen anging, liefs ihn ein hoher Minister auf Befehl Sr. Kurfürstlichen Durchlaucht zu sich rufen, und als er seine persönliche Erscheinung wegen genommener Medizin verbat, so wurde ihm aufgetragen, seine Meinung schriftlich abzugeben und dieses geschah auf der Stelle. Selbst ein auswärtiges hohes Ordinariat, welches am gelindesten von diesem Büchlein urteilte, saget, es sei zwar keine formelle Ketzerei darin, indessen hätte es doch nicht geschehen sollen, dafs man es für ein Schulbuch ausgab."

Aus diesen übereinstimmenden Nachrichten der beiden letzt genannten Schriftsteller geht hervor, dafs Braun nur im Auftrage seines Fürsten handelte, folglich von einer Denunziation keine Rede sein kann. So unklug wäre Braun nicht vorgegangen; denn er brauchte wahrlich nicht zuerst auf die Mängel des Katechismus hinzuweisen. Dies konnte er den Ordinariate überlassen, denen ja dieses Buch zur Approbation überschickt werden mufste. Er konnte sicher sein, dafs diese das Anstöfsige baldigst zu Tage fördern würden. Ebenso wird die übrige Geistlichkeit in München, die doch so gut wie Braun das Buch las, die Fehler entdeckt und für die weitere Verbreitung der gemachten Entdeckung gesorgt haben.

Bayern wird von Burgholzer, Finauer, Rötzer u. a. Braun selbst zugeschrieben. Doch scheinen dieselben sich geirrt zu haben. Denn erstens ist es mehr als zweifelhaft, dafs jemand für sich selbst eine Ehrenrettung zu schreiben unternimmt und diese dann anonym erscheinen läfst. Wenn er selbst die gegen seine Person erhobenen Beschuldigungen abweisen will, wird er mit offenem Visir fechten, da es sonst den Anschein gewinnen möchte, dafs er sich doch nicht so ganz frei von Schuld wisse. Aber abgesehen von der Unwahrscheinlichkeit eines solchen Verfahrens enthält die Schrift einige Sätze, die schwerlich von Braun herrühren. Ich will die wichtigsten zur Beurteilung der Leser anführen. Gleich im Vorbericht heifst es: „Lange besann ich mich, ob ich wegen der Beiträge zur Schul- und Erziehungsgeschichte in Bayern auch nur eine Zeile niederschreiben und wenigstens die Ehre eines Mannes retten soll, der nicht sogar ohne Verdienste ist, wie er in diesen Beiträgen geschildert wird. Ferner auf Seite 7 lesen wir: „Sind die Schriften schon eben nicht die besten dieser Art, so waren sie doch die ersten etc. —"

Diese fortgesetzten Streitigkeiten zwischen den Vertretern der humanistischen und realistischen Richtung, die unbegründete Verdächtigung der neuen Schulinstitutionen von seiten des Klerus war jedenfalls nicht förderlich für einen gedeihlichen Fortgang der Schulen, die immerwährenden Anfechtungen mufsten die Leiter der Schulen in ihrem Bemühen hemmen, die Gymnasien zu der angestrebten Höhe zu bringen. Aber auch der Kurfürst, der eine gründliche Reform der Schulen gewollt hatte, sah, dafs seinem Verlangen nicht allseitig Rechnung getragen wurde. Um endlich einmal der unangenehmen Schulstreitigkeiten los zu werden, fand er keinen andern Ausweg als auswärtige Schiedsrichter anzurufen. Deshalb entschlofs er sich, den Plan des damaligen Schuldirektoriums und den des Braun nach Wien zu schicken, um ein Urteil dortiger Schulmänner darüber einzuholen. Der Kaiserliche Hofrat von Martini und der berühmte Abt Gruber zu Metten studierten die Pläne. Das Resultat ihrer Arbeit war ein dritter Plan, der einen Kompromifs zwischen den beiden obengenannten darstellt. Dem Prinzip Brauns wird dadurch Rechnung getragen, dafs die Realschule wieder zur Heranbildung der Schüler zum bürgerlichen Leben bestimmt war. Aber eine solche Menge von Gegenständen figurierte auf dem Plan, dafs die Schuldirektion diesen für die bayerischen Verhältnisse nicht angemessen fand und an ihrem Plan festhielt, ein Verhalten, dem man vollen Beifall zollen mufs.

Braun zog sich nun vollständig zurück und lebte der literarischen Thätigkeit. Die Werke, die aus dieser Zeit stammen, sind religiösen Inhalts. Hervorzuheben sind die „Entwürfe für Predigten auf alle Sonn- und Festtage des Jahres, oder geistliches Lesebuch zur hl. Beschäftigung an Sonn- und Festtagen des Jahres." Der Verfasser hatte, wie der Titel sagt, einen doppelten Zweck im Auge. Er wollte einmal dadurch den Personen, welche an Sonn- und Feiertagen die Kirche nicht besuchen konnten, einen Ersatz bieten, dann den Geistlichen Dispositionen zu Predigten an die Hand geben. Aber offenbar mufste hiebei der eine oder der andere Gesichtspunkt leiden; denn man erwartet, dafs Entwürfe zu Vorträgen kurz und präzis sind d. h., dafs sie ein Gerippe bilden, dem der Vortragende Leben und Gestalt geben mufs. Dagegen stellt man an ein geistliches Lesebuch die Forderung, dafs die Materie in einer interessanten, gedankenreichen, den Leser fesselnden Darstellung behandelt ist. Diese zwei Forderungen können aber nicht wohl vereinigt werden.

In demselben Jahre erschien ein weiteres Buch Brauns, das einen ähnlichen Stoff zum Inhalt hat, nämlich seine Anleitung zur geistlichen Beredsamkeit. Dasselbe ist keine selbständige Arbeit. Der Verfasser trug nur, wie ein Rezensent dieses Werkes S. 177 ff. im 3. Bd. der kath. Literatur sagt, mit Fleifs zusammen, was andere bereits über diese Materie gesagt hatten.

Dieser Periode gehören noch die Übersetzung des Katechismus von Jak. Benignus Bossuet aus dem Französischen, sowie eine Rede von der Wichtigkeit der priesterlichen Würde an (1775).

Wir kehren nun zu den Schulen zurück und betrachten die Thätigkeit der Schuldirektion in München.

Die Jahre 1775—1777 verliefen ruhiger. Wenn auch noch hie und da die Exjesuiten Uneinigkeit hervorriefen, so waren dieselben infolge des energischen Vorgehens der beiden Schuldirektoren Steeb und Kohlmann doch fügsamer geworden, denn sie sahen, dafs der Kurfürst solch' unbeugsame Elemente auf die Vorstellung der Direktion hin einfach entlasse. Die letztere suchte nun nicht nur stetig die Mängel der Reform, die sich herausstellten, zu beseitigen, sondern arbeitete an der Organisation im allgemeinen rüstig weiter. So ist die Errichtung von Realschulen in kleineren Orten ihr Verdienst; zugleich brachen sie besonders bei Besetzung der Reallehrerstellen mit der alten Gewohnheit überhaupt nur geistliche Herrn zu Lehrern zu ernennen, indem sie auch Weltliche anstellten. Wir finden in dem Lehrkörper des Jahres 1777 an der Realschule zu München unter den 6 Lehrern nur einen Geistlichen. Ein ähnliches Verhältnis zeigt sich an den Realschulen zu Amberg und Burghausen, wo mit Ausnahme des Lehrers der zweiten Klasse, der ein Exjesuit war, die übrigen dem weltlichen Stande angehörten. Früher mufste sogar der Lehrer der französischen Sprache und des Zeichenunterrichtes ein Mönch sein.

Anfangs wirbelte diese Neuerung vielen Staub auf. „Ein Mann ohne langen Rock", sagt der Verfasser der Beiträge, „auf der Gasse von Schülern umringt, war der halben Bürgerschaft schon ein Greuel."

Nicht weniger machte sich die Direktion um die Hebung der Gymnasien verdient. Ihr erstes Geschäft in dieser Hinsicht war, die für die Gymnasialstudien unbrauchbaren Schüler für die Zukunft fern zu halten. Sie hoben deshalb anfänglich die von den Jesuiten eingeführten Parallelabteilungen in München auf, aufserdem reduzierten sie die früheren sechs Klassen auf fünf. Später freilich mufste man, wie aus dem Personalstatus 1777 ersichtlich ist, wegen der Überfüllung der Kurse wieder zu den Parallelabteilungen greifen.

Bezüglich der Lehrmethode drang die Schuldirektion darauf, dafs nicht blos das Gedächtnis gestärkt, sondern auch der Verstand geweckt würde, dafs nicht wie bisher Religion und Latein die Hauptrolle unter den vorgeschriebenen Fächern haben, sondern dafs die übrigen Gegenstände mit gleichem Eifer betrieben würden.

Die noch vorhandenen Belege über den Unterrichtsbetrieb lauten im ganzen günstig. So ergaben die Schlufsprüfungen im Jahre 1777 zu Amberg und Straubing ein erfreuliches Resultat. Freilich an kleineren Anstalten z. B. in Landsberg waren die Leistungen oft weniger entsprechend, da hier von den unteren Kursen je zwei kombiniert waren und infolgedessen der einen Klasse nicht die ungeteilte Kraft eines Lehrers zugewandt werden konnte.

Die Verdienste Steebs und Kohlmanns wurden von den zeitgenössischen Schriftstellern sehr gepriesen. Westenrieder, der die verschiedenen Gestaltungen der Gymnasien mit erlebte, sagt über die Periode (1774—1777) „diese Periode war unvergleichlich und wird immer unvergefslich und einzig sein." Ähnlich drückt sich der Verfasser der Beiträge aus (188). Man rückte nach den Umständen der Kasse immer weiter, und es ist zu vermuten, man würde auch bald das Vergnügen erlebt haben, gut eingerichtete Schulen in Bayern blühen zu sehen, dafs sie den benachbarten gewifs das Gleichgewicht gehalten, wenn sie dieselben je da und dort nicht völlig übertroffen hätten. „Aber," heifst es weiter, „der Reformationsgeist herrschte fieberisch, und man fiel von einer Sache in die andere unvermerkt hin."

Dies war besonders der Fall, als Ickstatt, der vortreffliche Schulmann in Ingolstadt, am 17. Aug. 1776 zu Waldsassen in der Oberpfalz das Zeitliche gesegnet hatte. Mit dem Tode dieses Mannes beginnt eine neue Phase der Schulreformation, in der es zu viele Veränderungen gab, die auf die Gymnasien nachteilig wirken mufsten.

Äufsere Veranlassung dazu bot die durch den Tod Ickstatts hervorgerufene Organisation bezüglich der Leitung der Universität und der unter derselben Direktion stehenden Schulen zu Ingolstadt.

Der Kurfürst bestimmte nicht Lori, der bereits 1775 zum Konrektor ernannt war, zum Vorstand der Universität, wie man erwartete, sondern setzte eine Kommission ein, als deren Präsident der Geheime Staats- und Konferenz-Minister Graf von Sensheim fungierte, während Kreitmayr zum Vizepräsidenten gewählt wurde. Von den übrigen Mitgliedern hatte Anton Wolter die Angelegenheiten der medizinischen Fakultät zu besorgen, Lori war die Direktion der juristischen Fakultät, Lippert die der philosophischen, und Braun die der theologischen übertragen.

Ebenso wurde das sogenannte albertinische Kollegium, in dem würdige arme Theologiestudierende Verpflegung erhielten, und das Gymnasium mit der Realschule in Ingolstadt dieser Kommission übergeben, aber letztere übertrug die Leitung dieser zwei Anstalten Heinrich Braun. Er war ja auch der einzige in der Kommission, der in Mittelschulen praktisch thätig war und sich deshalb für die Direktion obiger Schulen am besten eignete.

Die gewohnte Rührigkeit sehen wir Braun in seiner neuen Stellung entfalten und zwar erstreckte sich dieselbe abgesehen von den Einrichtungen an der Universität auf eine Reform des Ingolstädter Gymnasiums.

Wir kommen nun auf die weiteren Gründe, die eine Neuorganisation der Gymnasien hervorriefen. In Bayern war man bisher nicht gewohnt, für die Schulen grofse Opfer zu bringen. Vor den Jesuiten waren die humanistischen Anstalten bekanntlich privat, um deren Unterhaltung sich der Staat wenig kümmerte. Mit dem Auftreten der Jesuiten übernahmen diese die vorhandenen Schulen oder gründeten neue, die sie aber aus eigenen Mitteln unterhielten. Der Staat hatte nur die Herstellung der Gebäude zu besorgen. Vom Jahre 1774 wurde aus dem Vermögen des aufgehobenen Ordens ein Fonds zur Unterhaltung der Schulen gebildet. Aber aus diesem mufsten noch die Kosten für die Abhaltung der Gottesdienste und für die übrigen geistlichen Funktionen, die bisher Sache der Jesuiten waren, bestritten werden.

Nun aber waren Ickstatt, sowie Steeb und Kohlmann nicht so ängstlich besorgt um den Schulfonds; sie leitete nur der Gedanke, ihre Anstalten in die Höhe zu bringen, und überschritten die zum Unterhalt der Schulen festgesetzte Summe, wie aus den Bemerkungen der damaligen Schriftsteller hervorgeht. Der Verfasser der Ehrenrettung H. Brauns sagt S. 20: „Soviel ist unter andern gewifs, dafs die Kösten dafür unüberschwinglich und um die Hälfte höher hinauf getrieben wurden als der Fonds dazu da war." Die Kurfürstliche Fundationsgüter-Deputation führte Klage über die grofsen Ausgaben, die der jetzige Schulbetrieb verursachte. Wir haben ja oben gesehen, dafs die neueingerichteten Realschulen gröfstenteils mit weltlichen Lehrern, die einen nicht unbedeutenden Gehalt bezogen, besetzt wurden. An den Gymnasien hatte man neben den Exjesuiten auch Weltgeistliche angestellt, deren Gehalt jährlich 500 fl. betrug. Dazu kam noch, dafs im Lauf der 3 Jahre, während welcher Steeb und Kohlmann die Vorstandschaft führten, die Zahl der Gymnasiallehrer in München von fünf auf neun stieg.

Bei der Vergleichung der Ausgaben für die Lehrer der Realschulen, Gymnasien und Lyceen in den Jahren 1774 und 1777 ergeben sich für die einzelnen Anstalten folgende Summen: a) in Amberg fand eine Erhöhung von 6100 fl. auf 6900 fl. statt, da an der Realschule noch ein Lehrer für die erste Klasse mit einem Gehalt von 500 fl.; ferner je ein Lehrer für Zeichnen und für die neueren Sprachen mit je 150 fl. angestellt ward. Ebenso wurden in b) Burghausen die Kosten von 4100 fl. auf 5400 fl. vermehrt, weil ein Lehrer für die Philosophie mit 500 fl., eine weitere Lehrkraft für die Realschule, ferner ein Zeichenlehrer und ein Professor für die neueren Sprachen nötig waren, deren Gesamtgehalt sich auf 800 fl. belief. Dagegen tritt c) in Landsberg und d) Landshut eine Reduzierung der Ausgaben ein. Am ersteren Orte finden wir im Jahre 1777, da das Lyceum aufgehoben wurde, nur vier Lehrer, von denen der Rektor 400 fl., die übrigen drei nur 300 fl. bezogen, während drei Jahre früher 1900 fl. verausgabt wurden, und zwar 400 fl. für den Rektor, 300 fl. für jeden der fünf Lehrer am Lyceum und Gymnasium, an welch' letzterem der Rektor ein Klassenordinariat übernommen hatte; in Landshut wurde die Theologieprofessur aufgehoben, weshalb 1777 nur zwei Professoren am Lyceum wirkten und die Kosten von 5100 fl. auf 4600 vermindert wurden.

e) Mindelheim brachte durch Anstellung eines Reallehrers die frühere Besoldung von 1900 fl. auf 2200 fl. Der Rektor war dort mit 400 fl., die übrigen sechs Lehrer mit je 300 fl. dotiert.

f) München verlangte den gröfsten Zuschufs. Bei Begin der Organisation waren mit Einschlufs des Rektors sieben Professoren am Lyceum beschäftigt, die einen Gesamtgehalt von 3600 fl. bezogen, wovon der Vorstand 6'0 fl. erhielt. Das Gymnasium hatte fünf Lehrer mit 2500 fl., an der Realschule waren drei Kräfte thätig, nämlich ein eigentlicher Reallehrer mit 500 fl., ein Sprach- und Zeichenlehrer mit je 150 fl. Das Jahr 1777 vermehrte die Zahl der Lycealprofessoren auf sieben, die der Gymnasiallehrer auf neun und die der Realschule auf fünf, wodurch sich eine Mehrausgabe von 2650 fl. ergab.

Endlich g) in Straubing wirkten an allen Anstalten anfänglich 8 Lehrer, dagegen wurde im Verlauf der 3 Jahre am Gymnasium ein eigener Lehrer für Mathematik, ein zweiter für die Realschule und ein dritter für neuere Sprachen angestellt, so dafs sich nun die Ausgaben von 4100 auf 5250 fl. steigerten. Im ganzen ergab sich für 1777 ein Zuwachs von 5550 fl. zu den 30600 fl. des Jahres 1774.

Aufserdem führte die Fundations-Güter-Deputation Klage über die hohen Summen, welche die Unterhaltung der ehemaligen Jesuitenklöster, die in Dikasterien verwandelt wurden, die Herstellung besserer Räumlichkeiten in Universitätsgebäude sowie die Aufführung eines ziemlich prunkvollen Bibliothekbaues verursacht hatten, zumal da dieser Fonds noch Mittel zur Verbesserung der deutschen Schulen und zur Errichtung von Priesterhäusern bieten sollte. Unter diesen Umständen freilich durfte die für die Gymnasien aufzuwendende Summe nicht allzu grofs sein. Es konnte naturgemäfs die Instandhaltung des Fonds nur durch billigere Mittelschulen gewahrt werden oler durch ausschliefsliche Verwendung desselben zu Schulzwecken. Aber das wollte man nicht. Gute Schulen wären schon erwünscht gewesen, aber sie sollten nicht viel kosten. Da man jedoch sah, dafs ohne hinreichende Mittel eine gute Einrichtung der Schulen nicht möglich wäre, entschlofs man sich wieder eine Organisation zu betreiben, wodurch ein billigerer Schulbetrieb bewerkstelligt würde.

In Braun glaubte man den rechten Mann dazu gefunden zu haben. Man wufste, wie gerne er sich mit Schulangelegenheiten beschäftigte, man wufste auch, wie sehr ihn die Umänderung seines genehmigten Planes verletzt hatte und rechnete deshalb sicher darauf, Braun lasse sich zu den Zwecken der Fundationsgüter-Deputation gebrauchen.

Diese legte dem Kurfürsten die jetzige Beschaffenheit des Fonds dar und bat um Herbeiführung besserer Verhältnisse, was nach ihrer Ansicht nur durch eine Beschränkung der Schulausgaben möglich wäre. Zugleich bezeichnete sie Braun als den Mann, der vermöge seines Organisationstalentes am besten die Sache ins Werk setzen könnte. Der Kurfürst, der fortwährenden Streitigkeiten müde, gab nach und berief Braun zur Neuorganisation der Gymnasien.

Noch in demselben Jahre 1776 hatte Braun einen neuen Plan fertig gestellt und machte sich daran, denselben an dem ihm unterstellten Gymnasium in Ingolstadt zu erproben. Das fünfkursige Gymnasium wandelte er in eine Anstalt mit vier Klassen um, wodurch er einen Lehrer und somit 500 fl. ersparte. Hinsichtlich seines Schulplanes ist hervorzuheben, dafs er beeinflufst von Basedow seinen früheren etwas einseitigen Standpunkt verliefs und dieselben Gegenstände, wenn auch nicht in der Ausdehnung wie unter der Leitung der vorigen Schuldirektion, in sein System aufnahm. Aber infolge der Verkürzung der Gymnasialzeit mufste auch eine andere Einteilung der Lehrgegenstände eintreten. So konnten auf den Unterricht in der Geschichte und Geographie, der nach dem vorigen Schulplan auf die fünf Klassen ausgedehnt war, nur zwei Jahre verwendet werden. Ebenso konnte dem Unterricht in der Arithmetik, Geometrie und in der Naturgeschichte weniger Zeit zugemessen werden. Das Lehrziel in den beiden zuletzt genannten Gegenständen beschränkte sich auf die Anfangsgründe. Aufser diesen Änderungen führte Braun seinen schon früher bezüglich der Organisation der Realschule festgehaltenen Plan durch, wonach er dieselbe nicht, wie Steeb und Kohlmann, als Vorbereitungsschule für das Gymnasium, sondern als eine Erziehungsanstalt für künftige Bürger betrachtete. Er wandelte deshalb die zwei Realklassen in eine Realklasse und eine Prinzipienklasse (oder Vorbereitungsklasse für das Gymnasium) um und gestattete nur ganz gut beanlagten Knaben und solchen, welche Apotheker und Wundärzte etc. werden wollten, den Übertritt aus der Realschule in die von ihm geschaffene Prinzipienklasse. Gleich bei seinem Amtsantritt hielt er unter den Schülern der niederen Gymnasialklassen scharfe Musterung und versetzte über 60 Schüler in die Realklasse.

Da nach dem erwähnten Entwurf später alle Gymnasien umgestaltet wurden, mag kurz das Lehrziel der einzelnen Klassen dargelegt werden.

In den vier Klassen waren folgende Gegenstände vorzutragen:
I. Religionslehre,
II. Deutsche, lateinische und griechische Sprache,
III. Geschichte und Geographie,
IV. Philosophische und mathematische Anfangsgründe.

Die sprachlichen Gegenstände wurden am Montag, Mittwoch und Freitag gelehrt, während für die anderen Fächer die übrigen Tage bestimmt waren.

Bezüglich des Religionsunterrichtes traf Braun folgende Bestimmungen: In der Vorbereitungsklasse wurde der Inbegriff des Christenthums und der Sittenlehre verbunden mit der biblischen Geschichte und der Moral für die Jugend gelehrt. Als Lehrbuch diente Fleurys Katechismus; daran schlofs sich in der ersten grammatischen Klasse der erweiterte Unterricht im katholischen Christentum, die Pflichten gegen Gott, während in dem nächsten Jahre die Pflichten gegen sich selbst vorgetragen werden sollten. In den letzten zwei Kursen wurden die Schüler mit den Pflichten gegen den Nächsten, sowie gegen den Staat und den Landesherrn nebst den gesellschaftlichen Pflichten gegen alle Menschen bekannt gemacht.

Hinsichtlich der Sprachfächer mufste nachstehender Lehrgang eingehalten werden: In der Vorbereitungsklasse wurde der übrige Teil der in den deutschen Schulen angefangenen deutschen Sprachkunst durchgenommen und die Übungen in der Muttersprache fortgesetzt. Ferner war die Erlernung der Anfangsgründe der lateinischen Sprache vorgeschrieben. In der ersten grammatischen Klasse wurde der deutsche Unterricht erweitert und für denselben Brauns kleine Sprachkunst als Lehrbuch bestimmt. Die lateinische Sprache sollte nach Langens lateinischer Sprachkunst und Callarii Orthographia gelehrt werden. Zur Einführung in die Lektüre diente eine kleine Chrestomathie, darauf folgten Phaedrus und Cornelius Nepos. Die Übungen in den lateinischen Sprachgesetzen fanden in der zweiten grammatischen Klasse ihren Abschlufs. Aufserdem wurde den Schülern Heinecii fundamenta stili cultioris vorgetragen. Für den deutschen Unterricht war für diese Klasse Merthens Chrestomathie bestimmt, die prosaische und poetische Stücke enthielt.

Die Aufgabe des Lehrers in der ersten rhetorischen Klasse bestand in der Anleitung seiner Schüler zu selbständigen Arbeiten.

Damit aber ein sicherer Erfolg erzielt würde, sollten an den Tagen, die für die sprachlichen Gegenstände bestimmt waren, eine Stunde lang gute Muster aus der deutschen und lateinischen Literatur vorgelesen und dann eingehend besprochen werden.

Die Theorie der Rhetorik lernten die Schüler aus Ernesti initia rhetorica kennen. Zur Lektüre in dieser Klasse war bestimmt: Vergilii Eclogae, Sallustii bellum Catilinarium, einige Elegien Ovids; aufserdem war behufs Einführung in die deutsche Dichterwelt Denis Sammlung kürzerer Gedichte empfohlen.

In der letzten Klasse (II. rhetorische Klasse) wurden die Schüler mit den Anfangsgründen einer praktischen Logik vertraut gemacht.

Als Lektüre war bestimmt: Tacitus de moribus, situ et populis Germaniae. Cicero de oratore nach Harles, sowie Quintilianus von demselben Verfasser; ferner Horatius und Virgilii Aeneis. In den beiden oberen Klassen wurde aufserdem Batteux' Einleitung in die schönen Wissenschaften von Ramler übersetzt vorgetragen.

Die griechische Sprache, auf die früher zu wenig Gewicht gelegt wurde, berücksichtigte Braun nicht minder als die lateinische und ordnete an, dafs schon in der Prinzipienklasse Übungen im Lesen und Schreiben vorgenommen würden. In der ersten grammatischen Klasse war „Neuhäusers Anfangsgründe der griechischen Sprache" eingeführt, die Schüler der zweiten lasen eine Chrestomathie von Gesner, dessen Grundsätze bezüglich des griechischen Unterrichts Braun eindringlichst empfahl. In der dritten Klasse folgten die äsopischen Fabeln, den Schlufsstein bildete Harlesii Chrestomathia poetica. Auch einige Reden von Isokrates und Demosthenes konnten gelesen werden. Homer wurde nur im Auszuge den Schülern vorgetragen.

Wie mit der griechischen Sprache, so ward auch mit der Geschichte schon in der Vorbereitungsklasse begonnen und in den nächsten zwei Klassen fortgesetzt. Als Lehrstoff des ersten Kursus war die Zeit von Erschaffung der Welt bis Christi Geburt bestimmt, worauf in der zweiten Klasse die Zeit von Christi Geburt bis zur Gegenwart folgte. Nebenbei ward die Vaterlandsgeschichte vorgetragen, daran schlofs sich in der dritten Klasse der Unterricht in der griechischen und römischen Mythologie, in der letzten die Geschichte der schönen Wissenschaften.

Die Methode, nach der Braun die Geschichte behandelt wissen wollte, ist sehr schätzenswert. Der Lehrer sollte seine Schüler mit den bedeutungsvollen epochemachenden Ereignissen und Personen bekannt machen und nur den inneren Zusammenhang und die Wirkungen wichtiger Ereignisse betonen.

Ebenso war die Geographie in den Rahmen der Unterrichtsgegenstände für die Prinzipienklasse und die zwei folgenden Kurse aufgenommen. In der Vorbereitungsklasse waren die ersten geographischen Begriffe, in der folgenden die vier Erdteile, besonders Asien und Südeuropa, in der zweiten grammatischen Klasse Nordeuropa, vor allem das deutsche Reich und Bayern vorzutragen. Den Gebrauch von Landkarten beim Unterricht legte er den Lehrern sehr ans Herz.

Zum Schlufs kam er auch auf die Arithmetik, Mathematik und Naturgeschichte zu sprechen. In der Prinzipienklasse wurden die vier Spezies, in der ersten Klasse des Gymnasiums die Bruchlehre, in der zweiten das Radizieren, in der dritten die regula aurea und die vier Gattungen der Algebra, in der vierten algebraische Aufgaben behandelt. Diese letzteren durften nicht allzu schwer sein und mufsten dem praktischen Leben entnommen werden.

Zur Algebra fügte Braun noch die Anfangsgründe der Geometrie nach Clairauts Methode und die Elemente der Naturgeschichte nach Büschings Einleitung in die Naturgeschichte. Die höhere Mathematik und das genauere Eingehen in die Naturgeschichte war der hohen Schule vorbehalten.

Braun hat, wie wir sahen, die Ideen des Neuhumanismus auf seine Fahne geschrieben; er schlofs sich bezüglich der Methode eng an seine Vorbilder im Norden an und zwar nicht allein im Unterricht der alten Sprachen sondern auch in den mathematischen Disziplinen. So stark er sich aber auch bezüglich der Methode anlehnte, so frei schaltete er in der Einrichtung der Klassen und in der Stoffverteilung. Der Gymnasialaufbau ist besonders in dem Plan 1778 B r a u n s eigene Idee. Dieser zeigt ihn wiederum so recht als praktischen Schulreformator. Darum ist es um so mehr zu bedauern, dafs er mit dieser Fähigkeit allzu wenig kluges Benehmen paarte und infolge verletzten Ehrgeizes für die Ideen anderer Schulmänner kein offenes Auge hatte.

Diese Vorschläge B r a u n s betreffs der Umänderung des vorigen Schulplanes fanden den Beifall der Kurfürstlichen Fundationsgüter-Administration um so mehr, als er noch spezielle Ersparungen bei der Durchführung des Planes in Aussicht stellte. Wesentlich wurde die Administration von den Exjesuiten unterstützt, die damals wiederum mit aller Macht an dem Sturze S t e e b s und K o h l m a n n s arbeiteten. Sie rechneten auf B r a u n s Dankbarkeit, wenn sie ihm zum Direktorposten mit verhalfen.

Er wurde nun auf Antrag der erwähnten Administration am 20. April 1777 zum Direktor des Gymnasialunterrichtswesens ernannt. Anfänglich hatte er auch die Leitung der mit den kurfürstlichen Gymnasien verbundenen Realschulen, die er aber schon nach zwei Monaten an S t e e b und K o h l m a n n wieder abgab. Er beeilte sich nun, sein Versprechen einzulösen, was ihm auch teilweise gelang. Durch Heranziehung der Schuldirektoren zum Unterricht am Lyceum wurde eine Lehrkraft erspart. Aufserdem wurden nach dem Ingolstädter Plan die fünfkursigen Gymnasien auf 4 Kurse reduziert, sowie die Parallelkurse in München aufgehoben. Die aufzunehmenden Schüler mufsten die Prinzipienklasse besucht haben und 12 Jahre alt sein. Den Professoren wurden, mit Ausnahme der in München, 100 fl. vom Gehalt abgezogen und ihnen als Ersatz freie Wohnung im Exkollegium angeboten.*) Die Kosten für die Inspektorenstellen an den Kosthäusern, in denen Schüler zur Erziehung und zur Ausbildung in der Musik aufgenommen wurden, fielen dadurch aus, dafs mit diesen Stellen eine Professur verbunden ward.

Ferner vereinigte B r a u n an kleinen Orten die Prinzipienklasse mit der Realschule und gesellte dem dortigen Lehrer einen Repetitor zu, damit die Schüler, welche sich später dem Geschäftsleben widmeten, getrennt von den künftigen Studierenden unterrichtet würden. Auf diese Weise hatte der Kanonikus die Ausgaben für den Personalstatus von 47217 fl. auf 30967 fl. reduziert.

---

*) Diese Anregung bezüglich der Verminderung des Gehaltes erregte die Unzufriedenheit der Professoren in hohem Grade. Noch vorhandene Akten im oberbayerischen Kreisarchiv thun dar, dafs dieselben um Aufhebung dieser Neuerung mit der Motivierung nachsuchten, es wäre bei den teuern Lebensmittelpreisen mit dem Gehalte nicht auszukommen. Besonders die Verhältnisse in Landsberg müssen keine beneidenswerten gewesen sein. Krallinger teilt aus den Akten über die Zustände der im Pensionate lebenden Professoren das Interessanteste mit. Der Rektor Huber in Landsberg beschwerte sich wiederholt und energisch gegen diese Behandlung und weist in seinen Berichten an das Schuldirektorium auf das gröbliche Benehmen des Exkollegiumsverwaltersgegen die Professoren hin. Die letzteren suchten ebenfalls um Erhöhung ihres Gehaltes nach.

Mit diesen Veränderungen konnte für den Augenblick die Fundationsgüter-Administration zufrieden sein, allein verschiedene grofse Ausgaben, die in der nächsten Zeit noch an die Administration herantraten, legten den Wunsch nahe, das Budget für das Unterrichtswesen auch in Zukunft gesichert zu sehen. Besonders beschäftigte die Ordnung des Pensionswesens und die Frage der Heranbildung der Lehrer die beteiligten Faktoren. Aber auch hier wufste Braun Rat zu schaffen.

Um das Budget vor einer allzugrofsen Pensionslast zu wahren, legte er dem Lehrkörper so viele Praebenden, Kanonikate, Pfarreien und Benefizien bei, als die Zahl der geistlichen Professoren betrug.

Was aber die Errichtung einer Lehrerbildungsanstalt anlangt, so konnte die Administration unmöglich Mittel schaffen.

Deshalb half sich Braun damit, dafs er einerseits die besten der Absolventen als Repetitoren mit geringem Gehalt und mit Aussicht auf eine Professur anstellte, anderseits allen Weltgeistlichen und Weltleuten den Zutritt zur Prüfung für das Lehramt eröffnete. Dieselbe wurde in München von dem Direktor und einer Anzahl Professoren abgehalten und bestand aus einem theoretischen und praktischen Teile. Der Kandidat mufste die besten Lehrmethoden kennen und durch schriftliche Arbeiten seine Kenntnisse in den zum Lehramt nötigen Sprachen zeigen.*)

Durch solche Mittel, die Brauns Organisationstalent auch in finanzieller Hinsicht alle Ehre machen, war es demselben gelungen, das Budget in ein ruhigeres Fahrwasser zu lenken und er konnte sich jetzt an die Abfassung einer neuen Schulordnung machen, die er im Interesse des Ganzen für dringend nötig hielt. Diese erschien auch schon den 1. September 1777 und besprach in 6 Abteilungen die ökonomischen Verhältnisse des Unterrichtswesens, die Direktion, die Rechte und Pflichten der Professoren, die Studienordnung, die Schulpolizei, die Ordnung des Schuljahres, Prüfungen, Gottesdienste, Prämien, Ferien, Schuldisziplin.

Das Wichtigste soll hier Platz finden. Das Schuljahr begann nicht für alle Gymnasialklassen gleichzeitig, sondern für die Prinzipienschule und die drei ersten Klassen des Gymnasiums am 20. Oktober, während sich die Schüler der Oberklasse 8 Tage später einfinden mufsten. Das Ende des Schuljahres war auf 8. September (Mariageburtsfeste) festgesetzt. Im Gegensatz zu den Jesuiten waren die sonstigen freien Tage für die Studierenden nicht besonders zahlreich. Die Osterferien erstreckten sich nur vom Mittwoch in der Charwoche bis zum Mittwoch nach Ostern, zu Weihnachten und Pfingsten waren gar nur drei Vakanztage gestattet. Die Dauer der Schulzeit war vormittags von 8—10, nachmittags von 2—4, ausgenommen des Donnerstags, an dem nur von 8—9 Uhr Unterricht gehalten wurde. An diesem Tage sowie am Dienstag waren die Nachmittage

---

*) Wie entschieden damals das Schuldirektorium auf eine entsprechende Fachbildung der Mittelschulprofessoren hielt, ersieht man aus dem Umstand, dafs die ungenügend vorbereiteten Kandidaten stets abgewiesen wurden. Krallinger berichtet uns S. 113 mehrere Fälle.

frei. Auch eine strenge Disziplinarordnung rief Braun ins Leben. Ungehorsame und unbrauchbare Schüler wurden entlassen, die Dimittierten bekamen nur einen Dimissionsschein, worin sie zu bürgerlichen Geschäften gewiesen wurden.

Zur Konstatierung der Beschaffenheit der Schulen waren jährlich drei Prüfungen angesetzt:

Die erste nahmen die Direktoren in der Mitte des Jahres bei der gewöhnlichen Schulvisitation vor, diese war öffentlich.

Die zweite fand alle Vierteljahre über den durchgenommenen Lehrstoff statt, während in der dritten am Ende des Schuljahres das ganze Jahrespensum zur Prüfung gestellt wurde. Die Plätze der Schüler bestimmte das Notenergebnis aus den schriftlichen Aufgaben des Jahres. Noch eine andere Jesuiteneinrichtung fand ihr Ende durch Braun, nämlich die Aufführungen von Komödien am Ende des Schuljahres. Mit Recht schaffte der Direktor diesen „Usus" ab, da mit der Vorbereitung für diese Feierlichkeit der ganze Monat August zugebracht wurde und somit dem Unterricht wenig Aufmerksamkeit geschenkt werden konnte.

Die Beichttage wurden vermindert, und monatlich ein Beicht- und Kommuniontag festgesetzt. Bezüglich des Jesuitenfonds wurde nachdrücklich betont, dafs derselbe als ein corpus pium perpetuum individuum angesehen, nur zum Unterhalte der Exjesuiten, Kirchen, Gottesdienste, Lehrer und Schulen dienen und die erforderliche und hinlängliche Summe von den Gütern und Einkünften der ehemaligen Jesuiten als ein separatum aversionis Quantum 1) für die Lyceen, 2) für die Gymnasien, 3) für die dazu gehörigen Vorbereitungs- oder Prinzipienklassen, womit bei den Gymnasien auch eine Realschule für die bürgerliche Erziehung verbunden war, verbleiben sollte.

Die Professoren, die dem Direktor der sämtlichen Gymnasien untergeordnet waren, standen im Range nach den wirklichen Räten. Das Vorrücken in eine höhere Klasse war von der Zensur einer wissenschaftlichen Arbeit abhängig. Von den vielen Vorschriften für die Professoren will ich nur die hinsichtlich der Erklärungen der Klassiker und der Schulaufgaben anführen. Letztere sollten so beschaffen sein, dafs dadurch die Wifsbegierde und Aufmerksamkeit der Lernenden immer angeregt und nicht etwa ihr Gedächtnis durch eine Menge trockener und abstrakter Regeln überhäuft und verwirrt würde. Besondere Vorteile, die ein Lehrer zur leichteren Erreichung des Lehrziels gefunden hätte, sollte er in der monatlichen Konferenz mitteilen.

Der Direktor hatte aufser der Abhaltung dieser monatlichen Versammlung noch folgende Pflichten:

1) mufste er die erforderlichen Schulbücher herstellen und wenn nötig verbessern,
2) alle literarischen Aufsätze, die betreffs des Schulwesens dem Publikum bekannt gemacht wurden, und die Berichte für die höchste Stelle selbst anfertigen, sowie die Professoren zur richtigen Vollziehung des Schulplanes anweisen,
3) die laufenden Geschäfte besorgen, wichtige aber dem Kurfürst unterbreiten,

4) jährlich wenigstens einmal die Lyceen und Gymnasien inspizieren. Während der Abwesenheit oder bei Krankheit des Direktors hatte denselben ein delegatus facultatis philosophiae zu vertreten.

Infolge dieser Veränderungen erwarb sich Braun auf der einen Seite zwar die Zufriedenheit der Fundationsgüter-Administration, auf der anderen Seite aber wuchs die Zahl seiner Gegner noch mehr.

Das verständigere Publikum war nicht ohne Grund mit der Reduzierung der 5 Gymnasialklassen auf 4 Kurse unzufrieden, denn die Zeit von 4 Jahren war zu kurz, um gründliche Kenntnisse in den alten Sprachen und in den vorgeschriebenen Realien zu erzielen. Westenrieder, einer der Gymnasialprofessoren unter der Ära Brauns, klagt in seinen Beiträgen V. Bd. S. 436 bitter über diese Abkürzung der Studienzeit. Im Jahre 1779 waren die Klagen darüber noch nicht verstummt, weshalb sich Braun insbesondere gegen den Vorwurf, der lateinischen Sprache würde zu wenig Zeit zugewandt, in einem Berichte vom 21. September 1779 über die Einrichtung des kurfürstlichen Lyceums, Gymnasiums und der Realschule zu verteidigen suchte, unter Hinweis auf seinen Studienplan, in dem ein gründlicher Betrieb der lateinischen Sprache betont sei.

Ebenso entfremdete die Trennung der Realschule vom Gymnasium Braun einen Teil des Publikums. Vor allem aber verdrofs diese neue Einrichtung die Eltern, deren Söhne von Braun wegen mangelnder Begabung vom Gymnasium in die Realschule zurück versetzt wurden.

Besonders fielen die durch diese Neuorganisation überflüssig gewordenen Lehrer über den Reformator her. Jene Professoren nämlich, die Ordensgeistliche waren, mufsten bis zur weiteren Verwendung in ihre Klöster zurück, während die Weltlichen und Weltgeistlichen mit einer Pension verabschiedet wurden. Aus dieser Zeit stammt jene anonym erschienene, von uns schon oft citierte Schrift „Beiträge zu einer Schul- und Erziehungsgeschichte in Bayern", in der Braun überhaupt jedes Verdienst abgesprochen wird. Dieselbe ist in höchst leidenschaftlichem Tone abgefafst und scheint einen oder mehrere der entlassenen Professoren zum Verfasser zu haben. Anton Bucher, der z. B. von Prantl im ersten Band der Bavaria, Seite 509, als der Verfasser dieses Buches angenommen wird, kann schwerlich der Urheber desselben sein. Es ist möglich, dafs er den Herausgebern Material an die Hand bot. Gegen Bucher sprechen eine Reihe von Stellen, die von keinem Geistlichen, sondern nur von einem Laien herrühren.*)

---

*) Seite 134. „Ich las ein Jahr später eine Rezension (der Abhandlung über die Fragen der Lehrart) in einer Wochenschrift, die unter der Aufsicht des Herrn K. Braun in München herauskam und so viel mir noch bekannt ist, den Titel: „Der Bayer", führte; denn wirklich verlor sich diese Schrift so, dafs ich seitdem nicht wieder ein ganzes Exemplar davon zu Gesicht bekommen konnte, aufser hin und wieder einen halben Bogen, wenn „meine Frau" Pfeffer oder Kaffee aus Gewürzläden mit nach Hause brachte." Seite 93. „Ich erkenne die Geistlichen mit aller Ehrfurcht, welche einem Laien zusteht, aber sie haben selten Gelegenheit etwas zu lernen." Seite 139. „Ich kann den Verfasser des Rechenbuches für die Volksschulen nicht kennen, sonst wollte ich ihn für seine schlechte Arbeit dem künftigen Geschichtsschreiber verraten." (Bucher

Nicht weniger waren die Exjesuiten, die doch zum Sturze Kohlmanns und Steebs und zur Ernennung Brauns wesentlich beigetragen hatten, erzürnt, da sie sich in ihren Erwartungen, die sie an Brauns Erhebung knüpften, getäuscht sahen. Denn derselbe suchte die Lehrstellen mit Weltgeistlichen oder Laien zu besetzen und die unverträglichen Jesuiten zu entfernen. Deshalb liefs er die ersteren zur Prüfung für das Lehramt zu und ernannte tüchtige Lyceisten zu Repetitoren.

Nach dem Tode des trefflichen Fürsten Maximilian (30. Dezember 1777) stürmten diese Gegner mit aller Macht los, um Braun bei dem neuen Landesherrn Karl Theodor in Ungnade zu bringen. Doch der Direktor vermochte sich zu behaupten. Der Kurfürst bestätigte ihn in seinem Posten und übergab ihm, wie wir oben sahen, die Aufsicht über das deutsche Schulwesen.

Schon am 8. August 1778 unterzeichnete der Kurfürst die Schulordnung für die bürgerliche Erziehung der Stadt- und Landschulen in Bayern. Wir haben früher bereits die Veränderung, die diese Schulordnung für die Trivialschulen hatte, besprochen; es erübrigt uns nur noch der neu organisierten Realschulen zu gedenken. Braun führte seinen im Jahre 1774 bezüglich der Realschulen aufgestellten Plan durch und stellte demgemäfs drei von einander unabhängige, fächerweise koordinierte Klassen her. Den Schülern war es erlaubt, die Gegenstände zu wählen, die sie hören wollten. Zur Aufnahme konnten sich nur Knaben melden, welche 9 Jahre alt waren und gute Kenntnisse in den Unterrichtsgegenständen der Trivialschule mitbrachten. Hier wurde der Lehrstoff in der katholischen Religionslehre und in der Arithmetik erweitert, die Übungen in der Kalligraphie fortgesetzt. Ebenso war für einen gründlichen Unterricht in der deutschen Sprache verbunden mit Übungen in deutschen Aufsätzen, besonders in Briefen gesorgt. Ferner wurde in Kürze die Religionsgeschichte, die wichtigsten Ereignisse der Weltgeschichte sowie Geographie vorgetragen, wobei wie in der Geschichte, auf Bayern und das deutsche Reich besonders Rücksicht genommen wurde. Zu diesen Gegenständen kamen noch die praktische Mefskunst, das Nötigste aus der Naturgeschichte und Naturlehre, die allgemeinen Regeln der Haushaltungskunst, endlich noch das Zeichnen. Für Söhne von Künstlern sowie für die von angesehenen Eltern wurde auch Mythologie und etwas Archäologie gelehrt. Auch war Gelegenheit geboten, die französische und italienische Sprache zu erlernen.

Mit der Realschule war zugleich eine Prinzipien- oder Vorbereitungsklasse für das Gymnasium verbunden, damit jene Realschüler, welche für ihren bürgerlichen Beruf Latein nötig hatten, diese Sprache hier statt am Gymnasium lernen

---

mufste seinen Namen wissen, weil er nach diesen Büchern als Rektor examinierte und diese jedenfalls zur Einsicht vorgelegt bekam.) Seite 145. „Er nannte sich auf seiner Rede Anton Bucher und, so viel man ihm ansehen konnte, hatte er Mut, etwas zu unternehmen. Ich habe aber nicht gehört, dafs er für seine Arbeit besoldet oder auf diese Geschäfte dekretiert wäre, und deswegen scheint es mir, habe er schon viel unternommen, da er sich der Führung dieser verhafsten Direktion unterzogen hat."

So spricht kaum der Verfasser eines Buches, auch wenn er dasselbe anonym erscheinen läfst.

konnten. Man sah strenge darauf, dafs nur solche Schüler, die etwa Buchdrucker, Wundärzte, Apotheker werden wollten, die Prinzipienklasse besuchten; sonst wurde es nur Realschülern mit ganz besonders hervorragender Begabung gestattet. Die Knaben, welche sich von der deutschen Schule zur Aufnahme in die Vorbereitungsklasse meldeten, mufsten wenigstens 9 Jahre alt und in den Gegenständen der Trivalschule gut unterrichtet sein. Der Unterricht dieser Schüler erstreckte sich neben der katholischen Religionslehre, dem Rechnen, Schönschreiben, der deutschen Sprach- und Briefkunst auch auf die Anfangsgründe der lateinischen Sprache, auf die Elemente der Weltgeschichte und der Geographie. Im Latein mufste der Schüler, welcher in das Gymnasium aufgenommen werden wollte, eine leichte lateinische Periode erklären und ein leichtes Stück aus dem Deutschen in das Lateinische übertragen können.

Nachdem Braun die Schulen nach seinem Plane eingerichtet hatte, machte er sich an die Abfassung der wichtigeren Schulbücher, und eine Reihe dieser Werke legen von seinem Fleifse und seiner pädagogischen Begabung Zeugnis ab. Ich will daher in Kürze die wichtigsten derselben besprechen.

Die Anfangsgründe der lateinischen Sprache, die Braun für die Vorbereitungsklassen 1778 herausgab, sind nach dem Muster des oben bei den Trivialschulen besprochenen Büchleins, „Grundlegung zu der Sprachkunst", bearbeitet, um den Schülern ein Buch, in dem sie sich selbst orientieren konnten, in die Hand zu geben. Dieses Werkchen zeichnet sich im Gegensatz zu den aus jesuitischer Feder geflossenen Grammatiken dadurch aus, dafs es frei ist von dem gröfsten Teile des für die Schüler unnötigen, nur das Gedächtnis beschwerenden Ballastes von Vokabeln. Ebenso vermifst man recht gerne die für die Schüler unverständlichen, mit dunkeln Regeln gespickten Verse. Ferner ist es ein Vorzug des Büchleins, dafs es in reiner deutscher Sprache abgefafst ist. Dasselbe enthält die Formenlehre und die ersten zum Übersetzen notwendigen syntaktischen Regeln. Zur raschen Erlernung der Deklinationen und Konjugationen hat Braun die Endungen mit roter Farbe drucken lassen, ein Verfahren, das für unsere Tage nicht zu verschmähen wäre.*)

Eng verbunden mit diesem Büchlein ist das zur Einübung der gelernten Regeln bestimmte Handbuch zu den Anfangsgründen der lateinischen Sprache, das 1779 erschien. Gemäfs des ganz richtigen Grundsatzes Brauns, eine Sprache mehr durch gute Muster und Übungen, als durch viele Regeln zu lehren, bietet er im ersten Teile, der in sechs Unterabteilungen zerfällt, inhaltlich gut gewählte und stufenweise vom Leichteren zum Schwierigeren fortschreitende Stücke zum Übersetzen aus dem Lateinischen ins Deutsche Die Übungen beginnen mit leichteren Sätzen z. B. omne initium grave est oder initium Sapientiae timor Domini est. Diesen folgen dann Fragen und Antworten zum Unterricht

---

*) Auch diese lateinische Grammatik sollte die Leidenschaft und den Zorn der Aufklärungsgegner entflammen. Unter dem Titel „Prämium in zwei Briefen an die jetzigen Lehrer der unteren lateinischen Schulen Bayerns und der oberen Pfalz" liefs (1781) ein Dorfschulmeister namens J. G. Rauscher ein Schriftchen erscheinen, in dem er neben spöttischen Bemerkungen verschiedene Regeln des Braunschen Buches für falsch erklärt und zwar meist Punkte, die nicht zu beanstanden sind. c. f. Annalen der bayerischen Literatur II. Bd. S. 235.

und Vergnügen, die über Künste und Wissenschaften, über historische und mythologische Personen handeln; sogar die Naturgeschichte und Naturlehre ist berücksichtigt. Im dritten Abschnitte wird der Schüler mit den Fabeln Äsops bekannt gemacht, die Braun in Prosa umsetzte. Als vierte Abteilung sind die von M. Joh. Georg Bernhold, Rektor des Gymnasiums zu Heilbronn, verfafsten biblischen Geschichten: z. B. Adam, Kain, Abel eingefügt. Hierauf läfst Braun Höflichkeitsregeln folgen, die er dem von Erasmus verfafsten Büchlein de civilitate morum puerilium entnahm. Den Schlufs dieser Übungen bilden Briefe von Cicero und Plinius. Der letzte Teil des Buches besteht in Übersetzungsstücken aus dem Deutschen ins Lateinische. Dieselben sind in guter deutscher Sprache abgefafst und bieten inhaltlich interessante Stoffe. Nach den in Sätzen und in Fragen und Antworten bestehenden Vorübungen folgen Fabeln und Erzählungen. Auch finden wir in dem Werke einige Stücke, deren Inhalt aus den Komödien des Terenz und aus Horaz' Satiren entlehnt ist. Den Schlufs bilden auch hier Briefe. Als Anhang sind zwei Verzeichnisse beigegeben, von denen das eine eine lateinische Phraseologie, das andere die unregelmäfsigen Verba in alphabetischer Reihenfolge enthält. Kurz das Buch zeigt pädagogisches Geschick und hält mit vielen unserer Übungsbücher recht wohl den Vergleich aus.

Für das Gymnasium hatte Braun seine lateinische Sprachkunst (1778) bestimmt, die er zum leichteren Gebrauch der Lehrer und Schüler nach dem Muster seiner deutschen Sprachkunst und zwar in deutscher Sprache verfafste. Da dieselbe für reifere Schüler geschrieben wurde, so ging der Verfasser auf den Grund der Spracherscheinungen ein. In vielen Stücken ist dadurch das Buch mehr eine Sprachgeschichte, als eine Grammatik. Besonders in den ersten Abschnitten, die über die Orthographie und grammatische Tonmessung handeln, bringt er viele interessante, heute noch beachtenswerte Einzelheiten. Die Formenlehre ist klar und übersichtlich, nur mit der Anordnung der unregelmäfsigen Verba, die alphabetisch geordnet sind, wird man sich nicht einverstanden erklären können. Bei der Darlegung der Wortfügung (Syntax) hielt Braun an dem damals gewöhnlichen Verfahren fest, indem er die einzelnen Wortarten, zuerst die Substantiva, dann die Adjektiva, Pronomina u. s. w. mit ihren verschiedenen Erscheinungen im Satze besprach, die er mit zahlreichen Beispielen belegte. Den Schlufs bildet die syntaxis ornata. Im ganzen ist das Buch recht übersichtlich angelegt, die Überladung mit zu vielen Regeln und Ausnahmen ist vermieden.

Als Ergänzung dieser Sprachlehre wollte Braun ein Lexikon linguae latinae cultioris schreiben, aber es blieb beim frommen Wunsch.

Zu dieser Reihe von Werken gehört noch die im Jahre 1778 erschienene Anleitung zur poetischen Tonmessung in der lateinischen Sprache. Das Büchlein enthält eine kurze Verslehre, in der die am häufigsten vorkommenden Versmafse erklärt und an zahlreichen Beispielen erläutert sind. Hierauf folgt eine ziemlich eingehende Prosodie. Auch dieses Werkchen war für das Gymnasium wohl brauchbar.

Die Arbeitskraft Brauns war in diesem und den folgenden Jahren staunenswert. Von seinem unermüdeten Eifer zeugen aufser der Abfassung der obigen Bücher die Herausgabe der für die Schulen bestimmten Klassiker. In den Jahren 1779—1781 erschien nicht allein eine bibliotheca historica, die a) Flavii Eutropii brevarium historiae Romanae b) Pomponii Melae geographiam c) Cornelii Nepotis vitas selectas d) Curtii Rufi selecta ex historia Alexandri e) Julii Caesaris selecta de bello gallico f) Crispi Sallustii bellum Catilinarium g) Cornelium Tacitum de situ moribus et populis Germaniae umfafste, sondern auch eine bibliotheca poetica, von der aber nur zwei Teile: Phaedri Augusti Libertini fabulas und Virgilii Maronis opera erschienen. Dazu kam noch die Herausgabe der bedeutendsten Reden Ciceros: Pro rege Manilio, pro Archia, pro Marcello, pro rege Deiotoro, pro Ligario und in Catilinam I.

Alle diese Werke erschienen mit Noten, die Braun, wie schon das Titelblatt anzeigt, meist den besten Ausgaben damaliger Zeit entlehnte. Wir finden in allen seinen Ausgaben neben dem Namen des Autors die Worte beigefügt: selectas interpretum animadversiones suasque ad usum scholarum adiecit II. B. Die Ausgaben niederländischer Philologen boten Braun eine reichliche Ausbeute. In der Auswahl der Noten verriet er den praktischen Schulmann. Dieselben sind nur Stellen beigefügt, die wirklich solche nötig haben und beziehen sich weniger auf Textkritik als vielmehr auf Erklärung des Inhaltes und des lateinischen Sprachgebrauches. Als Vorreden sind meist die Urteile namhafter Gelehrten über die betreffenden Schriftsteller beigefügt. Mit Vorliebe zog Braun die fundamenta stili cultioris v. Heineccius bei. Nicht unerwähnt soll bleiben, dafs der Reformator seiner Ausgabe des Pomponius Mela zur Erleichterung des Verständnisses eine Karte: orbis terrarum ex mente Pomponii Melae heifügte; zu der Germania des Tacitus entwarf er selbst zwei Karten: Germania antiqua temporum Cornelii Taciti; Bavaria aetate Romanorum, die er am Ende des Werkes einfügen liefs.

Die bibliotheca poetica sollte noch durch Veröffentlichung von Plauti Captivi, Terentii Adelphi, Ovidii selectae elegiae, Martialis epigrammata selecta, Horatii selectae odae cum libro de arte poetica eine Erweiterung erfahren.

Aber mitten in der Arbeit wurde Braun an der Ausführung seines Planes gehindert. Die nämlichen betrübenden Erscheinungen, welche die Schuleinrichtungen Kohlmanns und Steebs gestört hatten, machten sich auch jetzt wieder geltend, nämlich die unbezwingbare Kampflust der Jesuiten gegen alles, was nicht jesuitisch war, und die immer noch zu grofsen Ausgaben für den Schulbetrieb. Die Jesuiten, die durch den jetzigen Schuldirektor ihre Absichten nicht gefördert sahen, stürmten in geschlossener Phalanx gegen die Schulleitung los. Alle Stände suchten sie gegen diese einzunehmen. Sie streuten die Gerüchte aus, dafs die Studenten seit der Aufhebung des Ordens nicht mehr Latein verstünden, dafs sie die ärgerlichsten Bücher läsen, dafs Disziplin und Religion unter denselben nicht mehr zu finden wäre. Sie hatten auch damals Glück in ihren Bestrebungen. Denn Karl Theodor fing an, die Förderung der Schulen aus dem Auge zu verlieren und strebte darnach, den Schulbetrieb noch billiger zu machen, als es im Jahre 1777 geschehen war. Er ging nämlich damit um, den Jesuitenfonds zu anderen Zwecken zu verwenden. Unter diesen Umständen erhielten die Jesuiten, wahrscheinlich um sie für die Bestrebungen des Hofes zu gewinnen, 1778 die Gymnasien zu Mindelheim und Straubing, die bis dahin unter der Kurfürstlichen Direktion standen, eingeräumt. Leider kehrten mit den alten Lehrern die alten Zustände wieder ein. Wenigstens von Mindelheim berichtet der dortige Schulrektor Gsöll folgendes über den Zustand des Gymnasiums: „Es sind wieder 7 Professoren angestellt und was das allerliebste ist, so hat jeder aus den Herren Exjesuiten nach seiner Willkür die Bücher erwählen dürfen, die er in seiner Klasse vorlesen will, und so sind dann die lieben Alvarus mit dem quae maribus solum und simplicium leges, die Wagner und Juvence wieder am Brette. Von der Arithmetik? Nichts. Von der Literaturgeschichte? Nichts. Dieser ganze Plan ist in meiner Abwesenheit ausgeheket worden, ohne dafs ich nur im mindesten zu Rat gezogen worden bin." cfr. prag. Geschichte 310.

Aus dieser Thatsache kann man auf die Gröfse der Macht schliefsen, welche die Jesuiten damals wieder hatten. Es wäre sonst ein gefährliches Unterfangen gewesen, ohne Erlaubnis der vorgesetzten Behörde die getroffenen Einrichtungen zu ändern. Andere Lehrer hätte man in diesem Fall einfach und mit vollem Rechte ihres Dienstes enthoben.

Das war der Anfang zu einer abermaligen tiefgehenden Veränderung im bayerischen Schulwesen. Der Hof benützte die Streitigkeiten, die zwischen den einzelnen Parteien herrschten, zu eigennützigen Zwecken. Da im Jahre 1780 das Lärmen der Exjesuiten gegen die Schulleitung besonders stark war, da sie verschiedene Flugschriften z. B. den bayerischen Hiesel, in denen sie Braun und die neuen Schuleinrichtungen herabsetzten, verbreiteten, stellte der Kurfürst, anstatt dem Treiben der Exjesuiten zu steuern, an Stelle der bisherigen Direktion zur Beilegung der Streitigkeiten eine Kommission im Januar 1781 auf, in der nun Braun als Assessor fungierte, aber keine mafsgebende Rolle mehr zu spielen vermochte. Unter dieser Leitung blieb das Schulwesen bis zum Monat August. Bald wurde auch die Absicht des Kurfürsten klar. Derselbe hatte sich während dieser Zeit vom Januar bis August bei den verschiedenen Ordensleuten um Besorgung der Schulen umgesehen, damit der Jesuitenfonds frei zu seiner Verfügung stünde. Es ist nicht unwahrscheinlich, dafs auch mit den Jesuiten Verhandlungen gepflogen wurden; denn es war gleich nach Entstehung der Schulkommission allgemeine Ansicht, dafs dieselben im nächsten Schuljahre die Anstalt wieder zurückerhalten sollten. Aber jedenfalls wollten die Jesuiten ihren Fonds vollständig gewahrt wissen. Deshalb wandte sich der Kurfürst an den Prälatenstand in Bayern, der die Leitung der Gymnasien und Lyceen auf seine Kosten übernahm.

In Amberg zogen die Benediktiner ein, Burghausen wurde den Cisterciensern anvertraut; in Landshut wirkten von nun an die Prämonstratenser, in München die Canonici regulares, in Neuburg und Straubing die Benediktiner, nach Ingolstadt kamen Mitglieder der genannten Orden; Landsberg und Mindelheim wurden aufgehoben.

Nun hatte der Kurfürst, dessen Finanzlage durch seine vielen Feste und unehelichen Kinder sehr ungünstig war, erreicht, was er wollte. Er verwandelte mit Genehmigung des Papstes Pius VI. die Güter des Jesuitenordens im Werte von ungefähr 6 Millionen zur Stiftung einer bayerischen Zunge des Malteserordens und liefs viele seiner natürlichen Söhne daran partizipieren.

So hatte sich der Staat seiner edelsten Pflicht, die Heranbildung der Jugend zu leiten, noch einmal entschlagen. Es darf noch als ein Glück angesehen werden, dafs die Ordensprälaten sich des Unterrichtes angenommen hatten. Wer weifs, wie tief derselbe sonst bei der Sorglosigkeit des Kurfürsten um die Schule wieder gesunken wäre. Die Klosterherren, welche die Schulen von 1787 bis 1799 inne hatten, haben sich entschiedene Verdienste um die Hebung derselben erworben. Sie besetzten die Stellen im Gegensatze zu den Jesuiten mit den tüchtigeren Männern ihres Ordens, die im ganzen nach dem Braunschen Plane unterrichteten. Die Gymnasien bekamen mit Recht wieder 5 Klassen.

Braun, der zu seinem Kanonikate eine Malteserkommende zu Aheim erhielt, zog sich vom öffentlichen Leben zurück und widmete seine Zeit der Abfassung theologischer Schriften. Die Übersetzung der heiligen Schrift ist besonders hervorzuheben. Aufserdem sind noch drei Arbeiten aus dieser späteren Periode zu verzeichnen, die der Schule dienen sollten:

1) Die Anleitung zur guten deutschen Schreibart in freundschaftlichen Briefen und in bürgerlichen Geschäften, nebst Mustern von allen Gattungen schriftlicher Aufsätze. München 1787.
2) Die Anleitung zur deutschen Sprachkunst, die er in kürzerer Form 1789 herausgab.
3) Versuch über die richtige Bestimmung (synonymer) ähnlich bedeutender Wörter der lateinischen Sprache. 1790.

Es erübrigt uns am Schlusse dieser Betrachtung der Gymnasialverhältnisse im vorigen Jahrhundert noch einen Blick auf die Bedeutung und die Folgen von Brauns Wirksamkeit zu werfen.

Brauns Streben war besonders darauf gerichtet, die Gymnasien von dem Regimente der Jesuiten frei zu machen, die ihre eigene Erziehung zum Mafsstab ihrer Gymnasialpädagogik machten. Er wollte einen Lehrerstand schaffen, der unabhängig von Klostervorschriften die Jugend zu tüchtigen Dienern des Staates und der Kirche erziehe. Die Förderung des Schulwesens in dieser Hinsicht ist um so mehr anzuerkennen, da Braun, obwohl früher selbst Ordensgeistlicher, überhaupt jeden Orden von den Schulen ausgeschlossen wissen wollte; er wufste nur zu gut, dafs viele dieser Ordensleute kirchliche Nebenzwecke zur Hauptsache in ihrer Pädagogik machten.

Leider waren hierin seine Bemühungen nicht mit Erfolg gekrönt. Wir haben gesehen, dafs das wichtige Objekt des langen Streites und Kampfes gegen die Jesuiten, die Verweltlichung und Verstaatlichung der Schule verloren ging. Doch nur 17 Jahre sollte dieser Zustand dauern. Denn am 21. September 1799 bestimmte der Nachfolger Karl Theodors, Kurfürst und späterer König Maximilian I., der einer freieren Geistesbildung das Wort redete, die Aufhebung der Klosterschulen und dreier kurfürstlicher Gymnasien und Lyceen und besetzte die fünf übrigen Anstalten mit Lehrern ohne Unterschied des Standes.

Wie Braun für eine freiere Richtung in der Erziehung der Schüler eintrat, ebenso energisch kämpfte er gegen die unpraktische, verknöcherte, hohlen Formalismus übende Unterrichtsmethode der Jesuiten. Er wollte die von Gesner, Heyne und Ernesti empfohlene Behandlungsweise der alten Sprachen in seinem Vaterlande anbahnen und zeigen, welche vortreffliche Mittel zur Ausbildung der geistigen Kräfte der Jugend in dem richtigen Betrieb der Grammatik und der Klassiker liegen. In diesen seinen Bestrebungen ist er freilich zu einseitig zu Werke gegangen, indem er der Forderung der Zeit keine Rechnung trug und die exakten Wissenschaften anfänglich vollständig aus seinem Gymnasialschulplan ausschlofs. Dieses hartnäckige Festhalten hatte auch zur Folge, dafs seine Vorschläge bei der Aufstellung des neuen Schulplanes (1774) nicht so berücksichtigt werden konnten, wie er wollte. Später (1777) sah er selbst die Notwendigkeit ein, diesen Wissenschaften in den Gymnasien einen Platz einzuräumen, und er berücksichtigte deshalb in seinem letzten Lehrplan diese Fächer einigermafsen.

Ohne Gewinn aber war dieses Festhalten an den klassischen Sprachen und die Ausschliefsung der damals modernen Unterrichtsfächer doch nicht. Er bewahrte das humanistische Gymnasium vor einem Überladen mit zu vielen Gegenständen, wodurch kein gründliches Wissen und Erkennen, sondern nur Halbbildung zum Vorschein kommt und sicherte es ferner vor dem durch Ickstatt und seine Anhänger angestrebten Utilitätsprinzip, das darin besteht, schon in der Schule den Jüngling für einen Lebensberuf vorzubereiten. Braun aber dachte anders. Nach seiner Ansicht hatte das humanistische Gymnasium die Aufgabe, die geistigen Kräfte der Jünglinge zu wecken und zu fördern, das sittliche Gefühl zu heben, ihre Herzen für alles Schöne und Gute zu entflammen. So an Herz und Geist gebildet wollte er die Zöglinge aus dem Gymnasium entlassen.

Diese herrlichen pädagogischen Grundsätze und Einrichtungen haben sich Bahn gebrochen und, obwohl gegen letztere mit aller Wucht angekämpft wurde und auch jetzt wieder mit noch wuchtigeren Schlägen angekämpft wird, bis auf unsere Zeit erhalten. Sie werden auch in dem jetzigen Kampfe zwischen Humanismus und Realismus die Palme des Sieges davontragen, wenn das humanistische Gymnasium stets an der Besserung seiner Lehrmethode arbeitet, nicht zu einseitig die Form betont, sondern den Geist, der in den Schriftstellern der alten Griechen und Römer weht, seinen Schülern lebendig vor die Seele führt, aber auch da der neuen Zeitrichtung Konzessionen macht, wo es wirklich notwendig ist.

Brauns Reformthätigkeit war mit der Umgestaltung der Gymnasien noch immer nicht erschöpft. Er weihte seine Kraft auch den Lyceen und der Universität. Diese Veranstaltungen des bayerischen Reformators wollen wir jetzt kennen lernen. Wir werden uns hiebei kurz fassen, da Professor Prantl in der Geschichte der Ludwig-Maximilians-Universität die Verhältnisse Brauns zur hohen Schule in Ingolstadt eingehend behandelt hat.

D. Seine reformatorische Thätigkeit für die Lyceen und für die Universität Ingolstadt.

Steeb und Kohlmann hielten bezüglich der Dauer des philosophischen Kurses an dem während des Jesuitenregimentes gebräuchlichen Herkommen fest. Eine Neuerung trat nur insofern ein, dafs jetzt alle Kandidaten verpflichtet wurden, vor Beginn ihrer Studien die Philosophie zu absolvieren. Eine weitere Änderung bestand darin, dafs man, um die allzu grofse Zahl der Theologen zu mindern, einige der von den Jesuiten an den Lyceen gegründeten Theologiekurse z. B. in Landsberg aufhob und dafür die Hebung der Philosophie*) anstrebte. Wir finden daher von 1774—1777 sogar an kleineren Lyceen zwei Philosophieprofessoren. Auch hatte man in München einen Lehrstuhl für Naturgeschichte geschaffen und ging 1777 daran, einen für allgemeine Geschichte und Ästhetik folgen zu lassen.

Im direkten Gegensatz wirkte aber Braun. Er eröffnete die Theologiekurse wiederum und ernannte an Stelle des einen Philosophieprofessors einen der Theologie. Diese Veränderungen traten in Landshut, Burghausen, Straubing, Landsberg und Mindelheim ein und gaben den Gegnern Anlafs, Braun zu verdächtigen. Sie verbreiteten das Gerücht, Braun habe diese Reformen aus Popularitätshascherei ins Leben gerufen. Doch wenn man die Gründe Brauns und die Verteidigung seiner Bestrebungen in der Ehrenrettung ruhig betrachtet, so erweisen sich diese Vorwürfe als grundlos.

Es hatte sich nämlich herausgestellt, dafs die Zahl der Theologiekandidaten in Bayern nicht abnahm, da dieselben nach Absolvierung des Gymnasiums während 1774—1777 an den unter bischöflicher Aufsicht stehenden Anstalten zu Neuburg, Augsburg und Regensburg diese Studien betrieben und dort ihre Weihen und Anstellung erhielten. Man mufste also anderswo den Hemmschuh anlegen. Braun suchte dadurch den grofsen Zugang zur Theologie einzuschränken, dafs er den Befehl gab, nur talentvolle Schüler in das Gymnasium aufzunehmen. Dann kam noch der Umstand hinzu, dafs zur Unterhaltung der Theologiekurse eigene Lokalstiftungen vorhanden waren, die der Kurfürst nicht anderweitig verwenden lassen wollte.

Aufserdem wandte sich die Bürgerschaft der Städte, in denen diese Studien aufgehoben waren, an Maximilian mit der Bitte um Wiederherstellung der alten Verhältnisse.

Auch waren die Einrichtungen der früheren Direktion wegen der hohen Kosten für die Länge der Zeit nicht haltbar. Man würde ebensowenig heutzutage für 10—12 Philosophiestudierende zwei Professoren an den Lyceen anstellen. Dadurch aber, dafs Braun einem Professor der Theologie aufstellte, wurde einerseits den Wünschen der Bevölkerung Rechnung getragen, andererseits auch die Zahl der Philosophiestudierenden wesentlich vermehrt, denn die Kandidaten der Theologie entfernten sich nicht mehr wie früher von der Stadt, in der sie ihre Gymnasialstudien gemacht hatten, sondern studierten daselbst Philosophie und dann Theologie.

---

*) Als neuer Lehrgegenstand kam zu den bisher üblichen noch Geschichte der Philosophie.

Freilich der Zweifel, ob diese Einrichtungen vollkommen gut zu heifsen waren, läfst sich nicht leicht beseitigen. Denn schwerlich wird ein Lehrer der Philosophie in allen Zweigen dieser Wissenschaft gleich tüchtig sein. Jedenfalls wäre es besser gewesen, Braun hätte die Lyceen in den kleineren Städten zu Landsberg und Mindelheim aufgehoben, dagegen diese Ersparungen zur Aufstellung eines zweiten Philosophielehrers in Landshut, Burghausen und Straubing verwendet. Es wäre dadurch sowohl für das Studium der Philosophie als auch der Theologie hinreichend gesorgt gewesen.

Mit dieser erwähnten Änderung hing wahrscheinlich die weitere Bestimmung zusammen, dafs die Kandidaten drei Jahre Philosophie hören sollten. Da an den Lyceen — München und Amberg ausgenommen — nur ein Lehrer diese Fakultät vertrat, so bedurfte es sicherlich eines Zeitraumes von drei Jahren, bis ein Kandidat die wichtigsten philosophischen Disziplinen hören konnte. Ebenso mag der Umstand bestimmend für diese Neuerung mitgewirkt haben, dafs infolge der kurzen Dauer der Gymnasialzeit die Schüler, welche ohne Anstand die Klassen durchliefen, mit dem 16. Lebensjahr das Gymnasium absolviert hatten und somit zu früh zu dem Fachstudium gekommen wären. Diese drei Jahre sollten eifrig zur Erweiterung ihrer Kenntnisse in den schönen Wissenschaften, deren Anfangsgründe in den Gymnasien gelehrt wurden, benützt werden.

Die an den Lyceen vorgetragenen Gegenstände waren ziemlich viele und zwar folgende: 1) Logik, 2) Metaphysik, 3) praktische Philosophie und Moral verbunden mit den principiis iuris naturae, 4) Naturgeschichte und Naturlehre. An gröfseren Lyceen fanden auch Vorlesungen in der höheren Mathematik und Geschichte der Philosophie statt.

Recht interessant ist es zu erfahren, in welcher Ausdehnung diese Gegenstände an den vollständigen Anstalten gelehrt wurden. Darüber gibt uns der Bericht Brauns vom 2. September 1779, welcher die Einrichtung des kurfürstlichen Lyceums in München bespricht, Aufschlufs. Zugleich werden wir mit den Prüfungsresultaten in den angegebenen Fächern bekannt gemacht. Dieselben werden alle als sehr günstig geschildert. In der Philosophie wurden in diesem Jahre vorgetragen: 1) Metaphysik, 2) das Naturrecht, 3) die Pflichten gegen Gott, 4) die Pflichten gegen sich selbst, 5) die Pflichten gegen den Nächsten.

Noch weiter gingen die in der Mathematik und Physik an die Kandidaten gestellten Anforderungen. Im ersten Semester trug man folgende mathematische Gegenstände vor: Algebra, die Proportionen und Reihenlehre, die Differential- und Integralrechnung; im zweiten: Planimetrie, Stereometrie, Trigonometrie, Kegelschnitte nach der Vorschrift von Kästner, endlich die Anwendung der Differential- und Integralrechnung auf die Bestimmung der Tangenten, Normalen, des Gröfsten und Kleinsten der Quadrat-Flächen und des körperlichen Inhalts, Rektifizierung der krummen Linien.

Dazu kamen noch Vorträge 1) über die allgemeinen Eigenschaften der Körper, 2) über die Mechanik, 3) Hydrostatik, 4) physische Elemente, 5) Optik, 6) Aerometrie, 7) Astronomie. Theorie und Praxis standen beim Unterricht in gegenseitiger Wechselverbindung.

Die Naturgeschichte wurde auf der kurfürstlichen Akademie von dem Direktor der physikalischen Klasse gelehrt. Ein ansehnliches Naturalienkabinet stand zur Verfügung für die Erklärung der Naturprodukte.

Aufser diesen Veränderungen traf Braun noch eine Reihe nützlicher Anordnungen. Er sorgte für ordentliche Lehrbücher, damit das zeitraubende Diktieren aufhöre. Bei den Jesuiten herrschte der Brauch den gröfsten Teil jeder Schulstunde mit Diktieren zuzubringen, die letzten 10—15 Minuten der Erklärung zu widmen. An Stelle des früheren Schulrektors Bucher kam auf Brauns Veranlassung Josef Tanzer, der sich durch die Abfassung brauchbarer Mathematikbücher verdient machte. Für die praktische Philosophie wurde das in Göttingen herausgegebene Lehrbuch Feders eingeführt.

Besonders aber verdient folgende Neuerung hervorgehoben zu werden: In den philosophischen Klassen wurden jetzt auch Vorlesungen über Belletristik und Pädagogik gehalten und römische und griechische Klassiker kritisch erläutert. Diese Aufgabe übernahm in München der Professor Westenrieder. Damit hing die Eröffnung einer für jedermann zugänglichen Journalbibliothek und einer am Donnerstag jeder Woche stattfindenden Vorlesung über die gelehrten Zeitungen und Journale zusammen.

Aber erst am 1. August 1779 kam dieses Unternehmen zu Stande, wie der Bericht über die Einrichtung und den Bestand der Bibliothek zeigt. Es wurde damals im kurfürstlichen Schulhause ein Lesezimmer eröffnet, das täglich, Sonn- und Festtage ausgenommen, von 8—11 Uhr besucht werden konnte. Nicht weniger als 41 Zeitungen lagen auf; ich hebe daraus nur einige hervor: Die allgemeine deutsche Bibliothek, Literatur des kath. Deutschlands, der deutsche Merkur, das deutsche Museum u. s. w.

In demselben Jahre entstand noch eine Lesegesellschaft unter den Studierenden des Lyceums, nachdem sich vorher im Jahre 1778 durch das Zusammentreten einiger Lycealschüler ein musikalischer Verein gebildet hatte; die beiden Gesellschaften wurden sehr angefeindet, da sie neue Erscheinungen waren.

Auch auf die theologischen Studien dehnte sich die Reformthätigkeit Brauns aus. Dieselbe bezog sich auf Beförderung der geistlichen Beredsamkeit und der Katechetik sowie auf Umänderung des theologischen Studienplanes.

Um den ersten Zweck zu erreichen, rief Braun mit Genehmigung des Kurfürsten Max am Lyceum zu München ein Predigerinstitut ins Leben. Braun selbst wurde zum Direktor dieser gelehrten geistlichen Gesellschaft ernannt. Ordentliche Mitglieder waren die in München befindlichen Professoren geistlichen Standes, aufserordentliche und Ehrenmitglieder konnten alle Welt- und Ordensgeistliche in Bayern werden. Die Aufnahme war an die Bearbeitung einer Abhandlung über einen Teil der geistlichen Beredsamkeit oder an die Abfassung einer Predigt geknüpft. Ebenso berechtigte zur Aufnahme die Lösung einer der alljährlich gestellten zwei Preisfragen.

Die Kandidaten des Institutes waren die Theologiestudierenden, denen zur Pflicht gemacht war, nicht nur die Vorlesungen über Katechetik und über geistliche Beredsamkeit zu hören, sondern auch wöchentlich und monatlich teils in schriftlichen Aufsätzen, teils im öffentlichen Vortrage anfangs in dem Lehrzimmer, als Diakonen im Studentensaale und später mit Erlaubnis des Pfarrers in den Kirchen sich zu üben.

Zur Pflege der Katechese war angeordnet, dafs die obigen zuerst in den Vorbereitungsklassen, nach Erlangung einiger Routine in den grammatischen Kursen und in den Kirchen unterrichten sollten.

Zu diesen Übungen wurden auch junge Geistliche, die noch keine Präbende hatten und sogar solche, die bereits angestellt, aber mit der Seelsorge noch nicht betraut waren, beigezogen.

Diese nützlichen Bestimmungen bezüglich des Übens im Predigen und Katechisieren wurden in allen Städten mit Lyceen angeordnet. Besonders legte man den Ordinariaten ans Herz, durch Einwirkung auf ihre Geistlichkeit das Unternehmen zu fördern.

Bis zum Jahre 1781 nahm diese Anstalt trotz der vielen Anfeindungen, die teilweise durch die Stellung der Preisfragen und deren Beurteilung *) hervorgerufen wurden, guten Fortgang; von dieser Zeit an übernahmen die Klostergeistlichen das Predigerinstitut, das aber nicht mehr seine frühere Bedeutung erreichte.

Was die Theologiestudien an den Lyceen betrifft, so konnten die Kandidaten dieselben dort nicht vollenden, an den meisten war es nur möglich, die initia theologiae zu hören; in München und Amberg war der Rahmen der vorgetragenen Kollegien gröfser, jedoch mufsten auch die dortigen Theologen wie alle übrigen im letzten Studienjahre die Universität zu Ingolstadt besuchen, an der das ganze theologische System gelehrt wurde.

Braun, dem nach dem Tode Ickstatts die Obsorge für die theologische Fakultät anvertraut war, verfafste auf Befehl des Kurfürsten einen Entwurf einer systematischen Lehrart für die theologischen Studien in Bayern, den er am 26. Mai 1777 veröffentlichte. Der Plan für das dreijährige Studium fand Zustimmung von seiten der Fakultät und der Ordinariate. Es wird dabei das

---

*) Am 25. Februar 1780 wurden nach dem Urteil der das Schiedsgericht bildenden Professoren folgende Kandidaten mit Medaillen ausgezeichnet:
1) Bernhard Putz, Benediktiner, der den ersten Preis, die goldene Medaille, erhielt.
2) Franz Xaver Geiger, Kaplan in Murnau, dem der zweite Preis mit 2 silbernen Medaillen zufiel.
3) Johann Nep. Neumiller, Hofmeister bei dem Kurfürstlichen Geheimen Rat und Leibarzt Herrn von Branca, war der dritte Preisträger.

Dieser letztere glaubte sich benachteiligt und liefs deshalb seine Arbeit drucken und wandte sich damit an die Öffentlichkeit. Bald darauf erschien eine Schrift „Torne u. Putz", deren Verfasser für Neumiller Partei nahm. Auf Brauns Verteidigung des die Preise bestimmenden Schiedsgerichts erschienen noch andere Schriften, in denen behauptet wurde, es sei parteiisch bei der Beurteilung zugegangen. Braun mufste deshalb nochmals zur Feder greifen und zu seiner Rechtfertigung den Gang und das Resultat der Abstimmung bekannt machen. Obwohl damit den Gegnern der Stoff zu Angriffen auf das Predigerseminar benommen war, hatten doch die Streitigkeiten nachteiligen Einflufs, denn seitdem erlahmte die Thätigkeit der Mitglieder.

Hauptgewicht auf Systematik und Methodik gelegt und folgende Verteilung der Lehrgegenstände festgesetzt: Im ersten Jahre orientalische Sprachen,*) die Skriptur (hl. Schrift) und Kirchengeschichte; im zweiten Jahre: Dogmatik mit Einflechtung der Patristik und daneben in strenger Ausscheidung der Agenda und Credenda Moraltheologie, im dritten Jahre: die Fortsetzung der Dogmatik, dazu Kirchengeschichte und Pastoral d. h. Katechetik, Homeletik und Liturgie.

Mit der Vertretung der theologischen Fakultät an der Universität war noch die Aufsicht über das sogenannte albertinische Kollegium verbunden, in dem würdige Theologiestudierende Verpflegung erhielten. Hier griff Braun als Direktor ebenfalls organisatorisch ein, indem er den Vorschlag machte, die Zahl der Stipendiaten von 42 auf 45 zu erhöhen und zu gestatten, dafs künftig die eine Hälfte aus geistlichen, dagegen die andere aus weltlichen Alumnen (Juristen und Medizinern) bestehen sollte. Vollständig zwar vermochte er seinen Antrag beim Kurfürsten nicht durchzusetzen, da derselbe von der Ansicht ausging, dafs man im Lande doch mehr Geistliche als Juristen und Mediziner brauche, jedoch wurde die Aufnahme von 13 Juristen und Medizinern gestattet. Zugleich war die Dauer des Aufenthaltes im Konvikte auf drei Jahre festgesetzt und die örtliche Trennung der geistlichen Alumnen von den weltlichen angeordnet.

Leider konnten sich diese den exjesuitischen Bestrebungen entgegengesetzten Neuerungen infolge der fortwährenden Oppositition der Exjesuiten, die an der Universität als Theologieprofessoren wirkten, nicht lange halten. Stattler und Sailer, die Hauptvertreter der Exjesuiten, die Verteidiger des Molinismus (Quietismus) und Probabilismus, ruhten nicht eher, als bis des ersteren theologischer Studienplan angenommen wurde. Denn obwohl die Mehrzahl, entgegengesetzten Ansichten huldigend, den Braunschen Plan begünstigte und sich wiederholt (1777 und 1778) an den Kurfürsten mit der Bitte wandte, dem Treiben der Exjesuiten ein Ende zu machen, die durch ihr verwerfliches System Zwiespalt zwischen den Lehrern erregen, die die Studierenden verwirren, den Besuch der Moraltheologie und Pastoral hintertreiben und die Exegese der heiligen Schrift und Kirchengeschichte vernachlässigen, so gelang es Stattler doch allmählich, diese Mehrzahl für sich zu gewinnen. Daher wurde nun im August 1779 an die Regierung der Antrag gestellt, diesen neuen von Stattler verfafsten

---

*) Die über die Pflege der orientalischen Philologie vorhandenen Akten zeigen uns auf der einen Seite das rege Interesse der Regierung für diesen Unterrichtszweig und zugleich den Ernst, mit dem dieselbe diese Sprachen an der Universität vorgetragen haben wollte. Auf der anderen Seite erkennen wir aber auch die Lässigkeit des Unterichtsbetriebes. Der Lehrplan für die philosophischen Kurse von 1775 hatte zwar Hebräisch als Lehrgegenstand aufgenommen, auch rieten die theologischen Fakultätsstatuten den Kandidaten, die „morgenländischen Sprachen" zu erlernen, aber im ganzen blieb es bei der Vorschrift; denn wie aus einem darauf bezüglichen Akt von 1779 entnommen werden kann, verstand nicht einmal jeder Professor der Dogmatik in Ingolstadt „orientalische Sprachen". Unter diesen Umständen werden die Kandidaten keine besondere Anregung zum Studium dieser Sprachen von ihren Lehrern empfangen und deshalb auch keinen grofsen Eifer dafür gezeigt haben. Übrigens war ein eigener Fachlehrer angestellt. Von 1774—1781 wird der Pater Stephan Wishofer genannt. cf. Jahrbuch für Münchener Geschichte I. Bd. S. 519—524.

Plan, der ein vierjähriges Studium verlangte, einzuführen, die Schlufsprüfungen nach demselben einzurichten, die Erteilung der Weihen auf die Ferienzeit zu verlegen, Pfarreien und Kanonikate oder Benefizien in Städten und Märkten nur an Doktoren der Theologie zu verleihen und der theologischen Fakultät die Oberaufsicht über das Georgianum zu übertragen.

Trotzdem der hiefür vom Kurfürsten zum Gutachten aufgeforderte Geistliche Rat sich in einem von Braun verfafsten Berichte gegen die Ausbeutung der Theologiestudierenden durch die Promotionen, wodurch sie doch nicht gelehrter würden als sie wären, erklärte, obwohl er bemerkte, dafs durch die Genehmigung der Anträge nur die probabilistische Theologie Stattlers begünstigt wurde, die doch besser ausgemerzt und durch die Schriften Gazzanigas ersetzt würden, entschied der Kurfürst 1731 sich dennoch für das vierjährige Studium und versprach den Promovierten Berücksichtigung.

Das Georgianum aber wurde der Stattlerschen Partei nicht eingeräumt ebensowenig der Antrag genehmigt, dafs die Theologiestudierenden aus dem Georgianum und aus dem Albertinum unter Ausschliefsung der übrigen Stipendiaten in ein Konvikt vereinigt werden sollten.

Durch diesen letzten Antrag wurde Braun in Streitigkeiten mit den Exjesuiten verwickelt. Bekanntlich sollten derartige Berichte der Kenntnis des Publikums entzogen werden. Nun aber erschien der erwähnte Antrag der Fakultät in August Ludwig Schlötzers Briefwechsel (Band 9, Seite 24 ff.). Aufserdem waren dem Abdrucke viele im scharfen Ton gehaltene Noten gegen die Exjesuiten in Ingolstadt beigefügt. Als Verfasser der Anmerkungen wurde der Professor Leeb in Ingolstadt bezeichnet, der jedoch sich dagegen verwahrte.

Der Exjesuit Gabler fühlte sich berufen im X. Bd. S. 3 ff. dieses Briefwechsels eine Verteidigung der Herren Exjesuiten in Bayern einzurücken, indem er dieselben vor allem gegen die Bemerkung, „die Jesuiten führten die Barbarei wieder auf der Universität ein", durch Hervorhebung ihrer literarischen Verdienste in Schutz nahm. Als Aktenlieferant aber wurde von den Exjesuiten Braun bezeichnet. Gegen diese Behauptung verteidigte sich nun letzterer unter Hinweis auf seine Ratspflicht in einem an Schlötzer gerichteten im X. Bd. S. 348 abgedruckten Brief. Doch seine gewundene Ausdrucksweise scheint dafür zu sprechen, dafs er nicht ganz unbeteiligt bei dieser Sache gewesen ist.

Diese Streitigkeiten wurden mit einem Male durch die schon erwähnte Gründung des bayerischen Malteserordens beendigt. Die Universität und das Albertinum übernahmen gleich wie die Mittelschulen die Prälaten der bayerischen Klöster. Wir sehen nun die Benediktiner, Cistercienser und Augustiner in Ingolstadt einziehen. Die Exjesuiten sowie auch Braun hatten ihre Rolle ausgespielt.

Der Plan Stattlers fiel mit dem Abzug der streitlustigen Exjesuiten von der Universität. Die neugebildete theologische Fakultät führte einen Plan nach ihrem Sinne ein, beschränkte die Studienzeit wieder auf drei Jahre, stellte aber durch Einführung von weiteren Lehrgegenständen gröfsere Anforderungen an die Kandidaten. Ein wesentlicher Fortschritt gegenüber den Jesuiten bestand auch darin, dafs die neuen Professoren der Scholastik und der Kontrovers-Theologie den Rücken kehrten. Prantl, Geschichte der Universität München, Bd. I, S. 656 u. ff.

Gesamtbild Brauns und Schluſs.

Die Rührigkeit Brauns erlahmte auch jetzt noch nicht, er ging vielmehr an sein lang gehegtes Vorhaben, die hl. Schrift des alten und neuen Testamentes in lateinischer und deutscher Sprache, versehen mit Erklärungen nach dem Sinne der hl. römisch-katholischen Kirche, der Kirchenväter und der berühmtesten katholischen Schriftausleger nebst eigenen Bemerkungen herauszugeben. Er brachte hievon auch 6 Bände fertig. Aufserdem stammt aus dieser Periode seine Übersetzung „der Nachfolge Jesu v. Thomas v. Kempis", die in 4 Bänden erschien.

Überhaupt hat nicht leicht einer der Männer, die während der Aufklärungsperiode in Bayern literarisch thätig waren, bei so vielseitiger Beschäftigung so viele Schriften veröffentlicht als Heinrich Braun. Mit Einrechnung der nicht ganz sicher, aber doch mit grofser Wahrscheinlichkeit ihm zuzuschreibenden Arbeiten besitzen wir von ihm ca. 65 Werke in 81 Bänden. Diese scheiden sich in pädagogische, rein philologische, poetische, rhetorische, philosophische und theologische Schriften. Uns beschäftigen hier vornehmlich die Arbeiten, die er für die Schule sowie für die Besserung der deutschen Sprache geschrieben hat: seine Erziehungsschriften und Schulbücher.

Diese letzteren waren, wie oben erwähnt, keine selbständigen Arbeiten, sondern Braun benützte, was er meist in den Vorreden selbst angibt, die auswärts erschienenen besseren Werke und entlehnte aus denselben, was er für seine Ausgaben als zweckdienlich erachtete. Es ist aber nicht so leicht, wie es auf den ersten Anblick erscheint, aus zahlreich zu Gebote stehenden Schulbüchern eine gute Auslese zu halten. Dies vermag nur ein praktischer Schulmann, der eine gute Beobachtungsgabe und gründliche Sprachkenntnisse besitzt. Mit diesen Gaben vereinigte Braun noch ein bedeutendes organisatorisches Talent. Letztere Eigenschaft bekundete er auch bei der Abfassung seiner Schulbücher. Jedes derselben — selbst das kleinste — diente zu einem besonderen Zweck, keines erschien ohne Grund. Wenn sie auch nicht so viele Auflagen erlebten, wie z. B. die Klassikerausgaben und Grammatiken unserer berühmten Philologen und bald nach dem Tode Brauns durch bessere Leistungen verdrängt wurden, so waren sie doch in der kurzen Zeit, während sie die Runde in den bayerischen Schulen machten, von grofsem Nutzen und für Verbreitung gründlicher Kenntnisse in vielen Schichten der Bevölkerung von grofser Wichtigkeit. Dies galt vorzüglich von den Schriften, welche die Verbesserung der deutschen Sprache anbahnten. Sie erregten, wie wir sahen, ungewöhnliches Aufsehen, sie gehörten zu den Schriften, die mitwirkten, Bayern aus seinem geistigen Schlafe zu wecken und die Herzen des Bayernvolkes für Unterricht und Bildung wieder empfänglich zu machen. Wenn Werke eine solche Mission erfüllen, dann kann der Verfasser gewifs zufrieden auf seine Thätigkeit schauen.

Unter diesen Umständen darf man die Mängel, die den Erstlingsprodukten Brauns anhaften, nicht mit allzu kritischem Auge betrachten. Der Mangel der nötigen Feile, ein Vorwurf, den schon seine Zeitgenossen ihm machten, kann in doppelter Hinsicht entschuldigt werden. Einerseits verlangten es die Umstände, dafs Braun rasch arbeitete, da bei Beginn seiner Thätigkeit in Bayern nicht ein einziges gutes Buch über die deutsche Sprache vorhanden war, das er seinen Hörern und dem kleinen Bruchteil der Bevölkerung, welcher sich für Verbesserung der deutschen Sprache interessierte, hätte empfehlen können, andererseits lag diese Manier schnell zu arbeiten in dem Wesen Brauns begründet; derselbe hatte keine Geduld zur gründlichen Ausbildung und Vollendung seiner Entwürfe; es drängte ihn schon während des Rohbaues zu weiteren Unternehmungen.

Doch tritt dieser Fehler Brauns nicht überall hervor. Wir besitzen Werke von ihm, die Formgewandtheit und die nötige Durcharbeitung nicht vermissen lassen. Das gilt vor allem von seinen Gedichten und Klassikerausgaben. Ebenso ist das Latein, welches Braun schreibt, leicht verständlich und der Periodenbau zeigt Geschick und Verständnis für die lateinische Sprache. Ich verweise zum Belege auf die Vorrede seiner Vergilausgabe.

Nicht minder dankbar mufste die damalige Zeit für die Braunschen Grammatiken der lateinischen Sprache sein, da dieselben sich vorteilhaft von den Sprachbüchern, die von den Jesuiten stammten, unterschieden. Man studiere nur einen Alvarus und Brauns Anleitung! Dort ist alles schwerfällig und so kompliziert, dafs die Schüler mit geringer Lust an die Durcharbeitung ihres Lateinbuches gehen konnten; hier herrscht Einfachheit, Klarheit, die Eifer zur Erlernung der Sprache erweckt.

Wie weit entfernt sind erst seine pädagogischen Ideen von denen der Jesuiten! Zu wiederholtenmalen habe ich in den früheren Kapiteln darauf hingewiesen. In seinen pädagogischen Schriften vertritt er seine eigenen Grundsätze, die das Resultat selbständiger Beobachtung sowie eingehenden Studiums der Einrichtungen in den benachbarten Staaten sind. Es ist ein wahrer Genufs, die Werke Brauns über Pädagogik zu lesen, die uns noch jetzt zu beachtende Winke für einen förderlichen Unterricht in den alten Sprachen geben.

Wer die Gedanken über Erziehung einmal mit Aufmerksamkeit durchgegangen hat, wird die trefflichen Gedanken Brauns bewundern und fühlen, dafs das Urteil Westenrieders bezüglich Brauns literarischer Thätigkeit hart, ja ungerecht ist. Dieses lautet nach Bd. V S. 440: „Braun schickte eine erstaunliche Menge von Büchern in die Welt. Er verstund sich anbey vortrefflich darauf, seinen Schriften einen vorteilhaften Beifall und seinen Planen entscheidendes Ansehen und Übergewicht zumal bei solchen Leuten zu verschaffen, welche von dem allen, was im Reiche der Literatur erscheint, keine Kenntnisse' besitzen, noch einige jemals verlangen, und welche sich sohin gar nicht einfallen lassen, dafs das, was ihnen als neu und bisher unerhört vorgelegt wird längst gesagt und jetzt nur herausgestückt worden ist." Weiter unten fährt er fort: „In seinen Schriften weht nichts von jener Flamme, wobei der Leser sich belebt und ungewöhnlich begeistert fühlt, sondern wie man es liest, hat man sie für immer gelesen. Unter allen seinen Schriften verrät nicht eine (was doch vorzüglich des Faches war, wozu er sich bekannte) einen philosophischen Humanisten, der sich z. B. an Herder anreihen könnte."

Wenn auch zugegeben werden mufs, dafs unter den vielen literarischen Produkten B r a u n s manches Mittelmäfsige sich findet, besonders unter seinen theologischen Schriften, so gilt dies doch nur von einem kleinen Teil seiner literarischen Thätigkeit. Die Kritik W e s t e n r i e d e r s ist jedenfalls zu streng und mit vieler Vorsicht aufzunehmen, da zwischen ihm und B r a u n ein, wenn auch nicht gerade feindliches, so doch auch kein freundschaftliches Verhältnis obwaltete. Der Vergleich des bayerischen Schulreformators mit H e r d e r ist schon deshalb nicht zutreffend, da sich ersterer nie in so tief gehenden philosophischen Spekulationen versuchte, sondern nur der Verbesserung der deutschen Sprache und der Hebung des Schulunterrichtes seine Kräfte lieh. Diese auf klarer pädagogischer Einsicht ruhenden Bestrebungen waren darum auch von gutem Erfolge gekrönt. Er war in dieser Beziehung ein durchaus praktischer Mann, der die Sache von der rechten Seite anzupacken wufste.

Gerade H e r d e r verstand die Leistungen des ehemaligen Benediktiners zu würdigen. Öfters suchte er, wenn er nach München kam, denselben auf, ja es soll zwischen beiden ein ziemlich reger Briefwechsel stattgefunden haben. Ebenso kehrten Männer wie L a v a t e r, S p l i t t l e r und M e i n e r s zu öfterem bei B r a u n ein.

Eine solche Ehrung verdiente er mit Recht, denn neben seinen literarischen Arbeiten wirkte er als akademischer Lehrer in ausgezeichneter Weise. Er war es, der wie schon früher erwähnt, durch sein patriotisches Benehmen Liebe zur Muttersprache, Lust und Geschmack an der Lektüre wieder erweckte, das Gefühl für das Schöne und Gute förderte und verfeinerte. Selbst W e s t e n - r i e d e r konnte nicht umhin, seine Verdienste in dieser Richtung rühmend anzuerkennen. Bei der Schilderung der akademischen Wirksamkeit B r a u n s habe ich ausführlich darüber gesprochen.

Jedenfalls war auch seine Thätigkeit als Gymnasiallehrer in Freising von gutem Erfolge, denn sonst hätte sein Kloster ihn nicht nach vier Jahren wieder zurückberufen und ihn mit einer Professur in Tegernsee betraut.

Nach Erlangung einer solchen Stellung ist es umsomehr zu bewundern, dafs er sich den Pflichten eines Lehrers der deutschen Sprache an der Akademie unterzog und die Organisation der Trivialschulen übernahm, einer Arbeit, die statt Anerkennung Hafs und Feindschaft mit sich brachte.

Aber trotz der vielen erlittenen Kränkungen legte er staunenswerte Rührigkeit auch bei der Organisation der Mittelschulen an den Tag. Sein praktischer Blick bei den Aufgaben, die bei dieser Schulreform an ihn herantraten, das pädagogische Talent, das er in der Durcharbeitung der Pläne für den Schulunterricht bekundete, und die hohe Auffassung aller in das Schulwesen tief eingreifenden Fragen zeigen ihn uns als einen Mann, dessen Sein in dem Ziele seines

Daseins, in der Schulorganisation, völlig aufgegangen war. Eine grofse Arbeitslust — er stand meistens um 4 Uhr auf — und vielseitige Kenntnisse unterstützten diese Eigenschaften, und die gröfste Menge von Detailfragen konnte ihn nicht ermüden. Bei Besetzung der Lehrstellen verstand er es stets die richtigen Leute zu wählen, die, wenn sie sich bewährten, die verdiente Anerkennung fanden — ich erinnere an Bucher, Fronhofer und Westenrieder.

Neben dieser reichen literarischen und organisatorischen Thätigkeit arbeitete Braun an seiner Selbstbildung weiter. Noch in seinem 40. Lebensjahre studierte er eifrig Griechisch, da er wegen Vernachlässigung der griechischen Sprache von seiten seiner Jugendlehrer in diesem Fache geringe Kenntnisse hatte.

Aber leider konnte sich Braun trotz dieser herrlichen Eigenschaften nicht über die menschliche Unvollkommenheit erheben. Neben den Glanzpunkten finden wir auch dunkle Flecken in seinem Charakter: Selbstüberschätzung, Ehrsucht und Empfindlichkeit.

Wir haben bereits bei der Besprechung der Gymnasialreform diese Schattenseiten Brauns gestreift. Wir sahen, dafs er allzu sehr von dem Glauben beseelt war, allein im stande zu sein die Schulreform in gedeihlicher Weise durchzuführen, ebenso bemerkten wir, dafs er selbst mit Beeinträchtigung des Schulbetriebs sich zur Direktion drängte. Infolge des Strebens bewahrte er in heftigen Schulkämpfen nicht die nöthige Ruhe und Selbstbeherrschung, sondern überstürzte sich in seinen Vorschlägen, suchte sich durch Neuerungen bemerkbar zu machen und seine Gegner zu überbieten.

Insbesondere ging zur Zeit der begonnenen Schulreform in Brauns Charakter eine grofse Veränderung vor. „Derselbe war", wie wir aus Westenrieders Beiträgen erfahren, „in jungen Jahren sehr gesellig und voll, wo nicht witziger, doch belustigender Einfälle, die ihn zu einem angenehmen Gesellschafter machten, und seine Mienen waren ein Ausdruck seiner Offenheit und seines Wohlwollens, weshalb jedermann gerne zu dem meist freundlich lächelnden Manne aufblickte und sich ihm die Herzen schnelle erschlossen". Dagegen wurde er in den Jahren, in denen Schulstreitigkeiten ausgefochten wurden, mifstrauisch und argwöhnisch. So wird von ihm berichtet, dafs er es sehr ungern sah, wenn es um ihn plötzlich leer wurde. Er ahnte da gleich Schlimmes gegen sich.

Diese Veränderung der eben berührten Charaktereigenschaften Brauns läfst sich erklären, wenn man die schwierige Stellung Brauns als akademischer Lehrer und besonders als Reformator der Trivialschulen im Gegensatz zu seiner Thätigkeit in Freising und Tegernsee betrachtet.

Es gehörte wahrlich eine eiserne Willenskraft dazu, den feindseligen Angriffen und Verleumdungen gegenüber, die Braun ob seiner auf die Hebung des geistigen Wohles seiner Landsleute gerichteten Bestrebungen zu ertragen hatte, den nötigen Gleichmut zu bewahren. Derselbe hatte aber eine zu empfindsame Natur, so dafs solche Vorfälle tief in seiner Seele haften blieben. Mifstrauen und Argwohn mufsten sich bei ihm herausbilden, da er bald nach seinem Einzug in München unter den Personen, mit denen er am meisten zu verkehren hatte, — ich meine unter den Mitgliedern des Geistlichen Rats — eine Reihe von neidischen und unversöhnlichen Gegnern seiner Absichten fand. Natürlich bildete sich dieser Charakterzug mit zunehmendem Alter noch mehr aus. Zur Entwicklung dieser Eigenschaft mag auch noch der Umstand beigetragen haben, dafs er zu lange in den Klostermauern verweilte, in denen sich nicht leicht ein Charakter völlig entfalten kann, da hiezu keine Gelegenheit geboten ist. Wäre Braun gleich nach Vollendung seiner Studien in den Strudel des kampfreichen Lebens geworfen worden, so hätte er sich später wahrscheinlich nicht in dieser Weise entwickelt. In seiner stillen Zelle kam er nicht in Berührung mit dem Getriebe der menschlichen Leidenschaften, hier war er hochgeschätzt von seinen Oberen und von seinen Mitbrüdern wegen seiner Kenntnisse ungemein gefeiert. Dadurch wurde im Herzen Brauns der Keim zu einer unheilvollen Selbstüberschätzung gelegt, der dann in den ersten Jahren seiner Wirksamkeit in München durch die Huld Maximilians und durch die Anerkennung seiner Verdienste von Seite der Akademiker mächtig gehegt und gepflegt wurde. Braun verfiel hiedurch in Selbstgefälligkeit und konnte dann den Widerspruch, den seine Organisationsideen hervorriefen und der sich ja bei allen Reformbestrebungen erhebt, nicht ertragen. Es kam sogar soweit, dafs er entgegengesetzte Meinungsäufserungen nicht mehr als den Ausdruck einer anderen Überzeugung auffafste, sondern absichtlich gegen seine Person gerichtet glaubte. Dieser Charakterzug machte sich selbst gegen seine nächste Umgebung geltend, gegen seine Dienerschaft und sogar gegen seine Freunde. Kurz er war Pessimist geworden, der den Blick für die richtige Beurteilung der obwaltenden Umstände verloren hatte. Er zog sich zurück von der Aufsenwelt, er gab seine Stelle an der Akademie auf, besuchte selten den Geistlichen Rat und das Zensurkollegium.*) Daher war auch die Zahl seiner Vertrauten in den letzten Jahren seines Lebens sehr gering, worüber er oft bittere Klage führte. Treu ergeben bis zu seinem letzten Atemzug waren nur der Revisionsrat Johann Nepomuk Gottlieb Reichsfreiherr von Kreitmayr, der Sohn des verstorbenen Ministers, sowie der Geheimrat und Oberlandesregierungspräsident Joh. Theodor Heinrich Graf Topor Morawitzky und der Stiftsdechant von Effner.

*) Diese Thatsache beleuchten einige im oberbayerischen Kreisarchiv aufbewahrte Akten, die ich deshalb hier mitteilen will. Fasc.: 14./62.
A. 15. Febr. 1781. Braun wurde beauftragt, sich kategorisch zu erklären, ob er den Rat künftighin fleifsig frequentieren und die ihn treffenden acta ausarbeiten wolle.
B. 25. April 1781. Heinrich Braun besuchte, obwohl er besoldet wurde, den Geistlichen Rat nicht und arbeitete nicht die ihn treffenden acta aus. Auf Berichterstattung des Geistl. Rats an den Kurfürsten, welcher befahl er solle sich in der Zeit von 14 Tagen kategorisch erklären, ob er in Zukunft den Rat fleifsig frequentieren und die treffenden acta ausarbeiten wolle, erklärte er sich bereit, diesen Befehlen nachzukommen. Er hofft aber auch hiemit, dafs ihm gleich anderen Räten acta zugeteilt, die vermöge höchster Resolution vom 1. Hornung gnädigst anbefohlene Kollegialachtung und gleiche Ehre bei den Wahlen gleich anderen Räten zukommen.
C. 15. Dez. 1783. Da er drei Viertel des Jahres bei feuchter Witterung im Herbste, Winter und Frühling wegen einer mifslungenen Kur bei einer Halsgeschwulst das Zimmer hüten mufste, und da diese bei Vernachläfsigung so schmerzlich, ja sogar tötlich sein konnte, ferner da er wegen Hustens, Brustdrücken, Schlaflosigkeit, Entkräftung Medizinen brauche, da ihm Verdrufs viel

Es wäre ungerecht, wenn man Braun allein für die Änderung seines Wesens verantwortlich machen wollte, wie es seine Gegner und teilweise auch Westenrieder gethan hat. Die Verhältnisse haben viel dazu beigetragen. Einen nicht minder grofsen Einflufs übte wohl auch sein seit 1783 schwankender Gesundheitszustand. Halsleiden verbunden mit Brustschmerzen und Schlaflosigkeit suchten Braun häufig heim, weshalb ihm der Arzt Schonung dringend anempfahl.

Als eine weitere Schwäche des Braunschen Charakters will Westenrieder dessen Unzufriedenheit mit der ihm zuteil gewordenen Anerkennung seiner Verdienste bezeichnen, indem er sagt: „Was an ihm noch ferner auffallend, aber eine natürliche Folge seines wirthschaftlichen Leichtsinnes oder Luxus war, so führte er stete Klagen über die Undankbarkeit, mit der man in Bayern Männer, die sich durch Gelehrsamkeit auszeichnen, belohnt, er, der Belohnungen ohne Beispiel erhalten." Dieses Urteil erscheint jedoch wieder zu strenge, da Braun mit der Äufserung über Undankbarkeit jedenfalls weniger seiner Unzufriedenheit über seine finanzielle Lage, als seiner schmerzlichen Empfindung über die Zurücksetzung seiner Person Ausdruck verleihen wollte. Was dann den wirthschaftlichen Leichtsinn Brauns betrifft, so lassen sich für diesen verschiedene Verteidigungsmomente geltend machen.

Einmal das eigene Geständnis Brauns bezüglich dieses Fehlers. In seiner Schrift „Gedanken über Erziehung" Seite 15, an welcher Stelle er von der Not-

schade und der Arzt ihm Ruhe anbefehle, so bitte er um die Gnade, ihn vom Frequentieren zu dispensieren. Er werde aber die Zeit nicht müfsig verstreichen lassen, sondern 1) teils hierauf seine Bibelübersetzung verwenden 2) will er auch dienlich sein mit Gutachten und anderen Arbeiten.
D. 20. Dezember 1783. Ist zu dispensieren und unter die wirklichen nicht frequentierenden Räte zu versetzen, lautete die kurfürstliche Antwort. Unter der vorigen Regierung blieb er wegen bekannten Mifshelligkeiten über drei Jahre von dem Kurfürstl. Geistl. Rat aus und weil er nicht mitarbeitete, so wollte er auch keinen Genufs bei der Prälatenwahl. Aufgefordert zu frequentieren that er es; da ihn aber die erste Prälatenwahl traf, (er trat bei Anfang des Turnus ein) so nahm ihm das Geistl. Ratspräsidium das ihm treffende Deputat von 150 fl. ad depositum, und erstattete einen unterthänigsten Bericht ad manus serenissimas mit der Anfrage, ob man ihm auch den Genufs dieser Prälatenwahl eingestehen soll. Da er unter den wirklich frequentierenden Räten geistl. Standes nach dem Stiftsdechant und Direktor von Vachierry der älteste Geistl. Rat sei, so bitte er, indem er verspricht, fleifsig zu frequentieren und mitzuarbeiten, dafs man ihn anderen Räten gleich achte und ihm 1) das Ratspräsidium die noch daselbst in deposito liegenden und unbillig zurückbehaltenen 150 fl. ausbezahlen 2) ihn im Genufs der Prälatenwahlen nicht hindern wolle.
Antwort des Ratspräsidenten.
Bisher hat gedachter Kan. Braun nicht wie andere Räte gearbeitet. Wir haben in einen Direktorialbericht vom 26. Januar ad. 5 dargethan, dafs er anno 1774 nur sechsmal, anno 1775 ebenso oft, anno 1776 einmal, anno 1777 und 1778 aber nie den Rat frequentierte. Er gibt nun an, dafs er aus bekannten bei der vorigen Regierung vorkommenden Mifshelligkeiten vom Rate ausgeblieben sei. Nein. Bei jetziger Regierung war er im Rats was noch nachläfsiger als bei der vorigen. Er erklärte sich 1778 wohl gar, dafs er den Geistl. Rat feierlich resigniere, wenn man ihm das anno 1778 angefallene Ratsdeputat vom Kloster Indersdorf zum letzten Mal überlassen wollte, so auch wirklich geschehen ist. Er hat seine Deklaration in einer Urkunde bestätigt und ist von da an anno 1778 und 1779 solange vom Rat ausgeblieben, bis das deutsche Schulwesen ad

wendigkeit spricht, schon in der Schule die Kinder zum Sparen anzuleiten, teilt er uns mit, dafs er nicht zu den verständigen Land- und Stadtwirten gehöre. Was will er aber damit sagen? Gewifs nichts anderes, als dafs er es nicht gelernt habe. Von frühester Jugend dem Elternhaus entrückt, lebte er in Klöstern, in denen man nicht lernt, wie man eine ökonomische Hauswirthschaft führt. Darum sich zu kümmern hatte ja Braun keine Gelegenheit. Daher mag es kommen, dafs er später in seiner selbständigen Stellung nicht immer mit dem Vorhandenen hauszuhalten wufste und hie und da in finanzielle Nöten kam. So ist bekannt, dafs Braun am 19. Dezember 1761 ein Kapital von 200 fl. aufnahm, das er im Jahre 1781 noch nicht völlig abgetragen hatte. Diese Thatsache wurde von seinen Gegnern, besonders von den Jesuiten, zu seiner Verdächtigung ausgebeutet und noch durch Lügen entstellt. Sie verbreiteten nämlich, dafs er das Kapital sub hypotheca seiner damals schon verkauften Bücher aufgenommen habe, was aber Braun in seiner Verteidigung gegen die Exjesuiten, die in Schlötzers Briefwechsel Th. X. Heft 60 Seite 351 enthalten ist, entschieden in Abrede stellte.

Abgesehen von seinem geringen ökonomischen Sinne trugen noch andere Ursachen zu seinem hie und da eintretenden Geldmangel bei, so vor allem seine allzu grofse Freigebigkeit. Es ist bezeugt, dafs er Notleidenden unendlich viel Gutes erwies. Er streckte Armen den Hauszins vor, unterhielt viele Koststudenten plenum des Geistl. Rates gezogen wurde, worüber er hernach jedoch nur im Plenum proponiert hat. Als das Schulwesen darnach durch ein eigenes Dekret abermals von dem Plenum getrennt und zu einer eigenen Deputation kam, so nahm sein Ratsbesuch hiemit auch ein Ende. Somit hat Braun von anno 1774 bis hieher in ganzen 6 Jahren nicht öfters als einzige 18mal im Rat frequentiert und allda nicht viel anders als Schulsachen, wovon er bezahlt ist, vorgetragen. Wie will er es bei dieser wahren Sachlage nun doch wagen, Räten den geringen Wahlgenufs, das einzige Emolument des Dienstes hinweg zu nehmen? Wir glauben also, Kan. Braun könne von den 150 fl. gar nichts fordern, weil sie eine in jener Zeit angefallene Ratsehrung sind, wo gedachter Braun weder fleifsig im Rat frequentiert und nicht mitgearbeitet hat. Hierin ist der Grund des Anstandes wegen der 150 fl.

Wegen desselben Rats Arbeit de futuro, so ebenfalls ein Gegenstand höchsten Decreti war, ermangelte man nicht demselben acta ad pronendum zuzuteilen. Da er aber seit demselben decreto so wenig als zuvor arbeitete, die acten aber allenthalben betrieben worden sind, so liefs man jüngsthin gedachten Kan. Braun vom Präsidium aus einigemal mündlich ermahnen und, als dieser mündliche Zuspruch noch keine Wirkung hatte, wurde ihm vom Praesidio aus endlich gar schriftlich aufgetragen, dafs er die im Hause habenden acta nun referieren oder zurück geben möchte. Nun hat Braun das Letzte befolgt und die acta ohne mündliche oder schriftliche Äufserung an das Präsidium ohne Anstand und die in jedem collegio statthabende Subordination simpliciter zurückgesandt. Wir glauben, dafs diese Aktenzurückgabe des Kan. Braun so ein factum sei, welches den klarsten Beweis von einem feierlichen Verzicht auf die Geistliche Ratstelle an den Tag legt. Deshalb haben sich das Präsidium erlaubt, den Kan. aus dem Kalender auszustreichen.

13. Januar 1784. Wir lassen auch zur Nachricht hiemit unterhalten, dafs er vermöge einer von unserer höchsten Stelle unterm 20. Febr. v. Jhrs. anher zum Geistl. Rat erfolgter Resolution von Frequentierung des Geistl. Rats dispensiert sei.

und bedachte die allgemeinen Armenhäuser in reichlichem Mafse. Ja er soll sogar bei Geldmangel seine Uhr dem Leihhause übergeben haben, um Arme nicht abweisen zu müssen. Ebenso war er gegen seine Angehörigen sehr freigebig; so sandte er seiner Stiefschwester alljährlich 50 fl. Was also Braun auf der einen Seite zum Vorwurf gemacht werden könnte, läfst ihn in anderer Hinsicht als einen sehr edlen Menschen erscheinen.

Überhaupt waren die Einnahmen Brauns, wenn man seinen Bezugsquellen nachspürt, besonders seitdem er Direktor geworden war, nicht so grofs als von gegnerischer Seite behauptet wurde. Nach dem eingehenden Berichte darüber in der Ehrenrettung Brauns beziffern sich seine jährlichen Einnahmen gegen 1190 Gulden. Das Direktorat trug ihm 700 fl., die Präbende, die er als Kanonikus inne hatte, brachte ihm ungefähr 290 fl. ein, ferner bezog er noch von der Probstei Abach 200 fl. Die Beträge, welche aus dem Benefizium flossen, das er von der Stadt München erhalten hatte, waren für ihn belanglos, da er dasselbe nicht versehen konnte und dafür einen eigenen Geistlichen halten mufste. Wenn man dann seine Ausgaben, die Braun infolge seiner Stellung machen mufste, mit den Einnahmen vergleicht, so erkennt man, dafs beide sich so ziemlich die Wage hielten.

Für seine eigene Person machte er nach den Berichten keinen grofsen Aufwand. Abgesehen von seiner leidenschaftlichen Liebhaberei für Gemälde und Zeichnungen, die er für grofse Summen erwarb, dann aber, von Nahestehenden darum ersucht, wieder verschenkte, war er mäfsig in Speise und Trank und vermied Luxus in den Kleidern.

Seinen geistlichen Stand hielt er hoch. Ein Beweis dafür ist unter anderem auch die grofse Vorliebe für die Literatur seines Standes und das lebhafte Interesse für die Hebung desselben. Endlich spricht noch das Moment für diese Behauptung, dafs er sogar während seiner Krankheit das Messelesen nicht versäumen wollte und deshalb beim Ordinariate zu Freising um die Erlaubnis nachsuchte, zu Hause celebrieren zu dürfen.

Was nun noch die äufsere Erscheinung Brauns betrifft, so mufs dieselbe den übereinstimmenden Berichten und vorhandenen Porträten (siehe Westenrieders Beiträge Band V) zufolge, wie schon oben berührt, sehr einnehmend und empfehlend gewesen sein. Der freie Blick des Auges, die leicht gewölbte Stirne, sowie der ganze Gesichtsausdruck verraten Würde, Ernst, Charakterfestigkeit und Offenheit.

Wenn wir nun am Schlusse unserer eingehenden Würdigung Brauns dessen Vorzüge und Fehler nochmals einander gegenüber stellen, müssen wir bekennen, dafs die ersteren die letzteren weit überwiegen, dafs seine Verdienste die Unvollkommenheiten, die seiner Person anhafteten, leicht vergessen machen. Wir glauben deshalb die Charakterzeichnung Brauns nicht besser, als mit den Worten Westenrieders, der die wenigen Fehler Brauns einer strengen Kritik unterzieht und gerade deshalb um so mehr Glauben verdient, schliefsen zu können: „Sein Name wird noch genannt werden, wenn die sämtlichen Reihen derjenigen, die mit Dingen glänzten, welche nicht in ihnen lagen, bei ihren Zeitgenossen rauschten und glänzten, längst in die verächtlichste Vergessenheit, die sie erwartet, gesunken, und kein Grabstein ihre unbedeutenden Namen mehr nennen wird."

Westenrieders Urteil und Prophezeihung hat sich bewahrheitet. Noch heute sehen wir freudig nach Braun und seinen Mitarbeitern am Wohle der Menschheit zurück, da durch dessen Bemühen der Keim zur Entwicklung unseres nunmehr hochvervollkommneten Unterrichtswesens gelegt wurde, und noch in ferner Zukunft wird man dankbarst desjenigen Mannes gedenken, der es vor allen anderen unternommen, in bessere Bahnen einzulenken und diesem Streben alle seine Kräfte geopfert hat. Ja, Braun bleibt mit Recht für alle Zeit einer der gefeiertsten Namen unter den Schulmännern Bayerns.

Braun war es nach seiner Entfernung vom Schulwesen nur noch 11 Jahre vergönnt, unter den Irdischen zu wandeln. Leider waren aber diese seine letzten Lebensjahre durch häufiges Kranksein getrübt. Das Jahr 1792 sollte das letzte des bayerischen Reformators sein. Schon im Februar dieses Jahres zeigten sich die Vorboten des nahenden Todes in Gestalt eines Schlaganfalls. Nach scheinbarer Besserung mitten in seiner liebgewonnenen Beschäftigung, der Bibelübersetzung, wiederholte sich am 5. November der Schlagflufs. Verschiedene Mittel, wie Aderlassen, waren umsonst. Es stellte sich Sprachlosigkeit ein, wozu sich noch der Verlust des Augenlichtes gesellte. Nach drei Tagen, am 8. November des Jahres 1792, hauchte er, von seinen umstehenden Freunden tief betrauert, seine Seele aus. Seine irdischen Überreste ruhen im Dom zu München.

Anhang.

Die pragmatische Geschichte

der Schulreformation in Bayern ist weder von Heinrich Braun noch von Anton Bucher.

Das Titelblatt der pragmatischen Geschichte verrät uns zwar das Editionsjahr 1783, läfst aber ebensowenig wie die Vorrede des Buches den Verfasser desselben erkennen. Schon frühere Schriftsteller, sowie solche unserer Zeit unter anderen Prantl in seiner Bavaria Seite 509 I. Band nahmen an, diese Schrift stamme von Heinrich Braun, während Klessing, der Herausgeber der Werke Buchers, sie diesem zuschreibt.

Aber beide haben sich, wie wir darlegen werden, geirrt. Schon beim flüchtigen Durchlesen dieses Buches begegnet man einer Reihe von Sätzen, die unmöglich aus der Feder Brauns geflossen sein können. Dieselben enthalten eine Menge von sehr tadelnden Äufserungen über seine Thätigkeit als Schulreformator, die, wenn man auch annimmt, dafs ein Mann in einer Schrift, die er anonym herausgibt, manche kleine Fehler, vielleicht gerade deshalb, um sich nicht als den Verfasser eines solchen Buches erkennen zu lassen, einräumt, doch nicht leicht von einer Persönlichkeit, wie Braun, der seine Reformen so hoch hielt und sie auf alle Weise verfocht, niedergeschrieben werden konnten.

Dazu kommt noch, dafs diese Schrift einer Zeit entstammt, in der Braun noch fortgesetzt wegen seiner früheren Schulreformation und schriftstellerischen Thätigkeit von seinen Feinden angegriffen wurde, ferner dafs der ehemalige Schulorganisator in jener Zeit die Kränkung, die ihm durch die öftere Entfernung von seiner ihm lieb gewordenen Stellung zugefügt worden war, noch nicht vergessen hatte, so dafs er, wenn er das Buch über die Schulreform geschrieben hätte, wahrscheinlich statt seine Gegner, wie in der Schrift öfters vorkommt, rühmend hervorzuheben, die Schwächen und Mängel derselben, insbesondere in Bezug auf ihre Stellung zu seinen angestrebten Verbesserungen, aufgedeckt hätte. Braun führte ja damals noch eine gewandte und gegebenenfalls auch scharfe Feder, wie er ja auch später noch und bis an sein Lebensende unermüdet schriftstellerisch thätig war.

Am besten aber werden wir an der Hand des Buches selbst beweisen, dafs das Werkchen einen anderen der damaligen Schriftsteller zum Verfasser haben mufs, indem wir alle Stellen mitteilen, die gegen Braun als Verfasser sprechen.

Gleich auf der Seite 4 und 5 wird er der Eilfertigkeit beim Bücherschreiben geziehen, die ihm nicht die nötige Ausfeilung seiner Schriften nach Form und

Inhalt ermöglichte. „In der Hitze," so heifst es dort, „schrieb er fort ein deutschorthographisches Wörterbuch etc. etc." Nach Aufzählung seiner in die Jahre 1767 und 1768 fallenden Schriften fährt der Verfasser weiter fort. „Klüger hätte er vielleicht gethan, wenn er weniger geschrieben und mehr an seinen Schriften gefeilt hätte," setzt jedoch zur Entschuldigung die Worte bei: „was thut aber das dicier hic est bei einem jungen Autor nicht? und nach den damaligen Umständen waren seine Arbeiten doch nicht ohne grofsen Nutzen."

Versetzen wir uns in die Lage Brauns und führen wir uns das gesamte literarische Schaffen vor Augen, so werden wir sicher den Schlufs ziehen müssen, dafs die oben angeführten Worte unmöglich von Braun herrühren können.

Nicht das dicier hic est war der Hauptimpuls zu der so grofsen literarischen Fruchtbarkeit in diesen wie in den späteren Jahren Brauns; andere Gründe bestimmten ihn, wenigstens in der ersten Periode seiner Wirksamkeit, weit mehr so rasch zu arbeiten. Bei der damaligen bedauernswerten Vernachlässigung der deutschen Sprache, bei der Armut Bayerns an einigermafsen guter Lektüre war Braun, der die Pflicht auf sich genommen hatte, die Pflege der deutschen Sprache anzuregen, genötigt, rasch ans Werk zu gehen, in kurzer Zeit bessere Schriften zu verbreiten als „das jesuitische geistige Almosen" dem Publikum bisher geboten hatte. Wer sich überzeugen will, mit welch geisttötenden Werkchen der Büchermarkt in Bayern damals überschwemmt war, der lese nur den 18. und 19. Brief des 1. Bds. der gesammelten Werke Buchers. Dann wird er auch einsehen, wie notwendig es war, dafs in dieser Richtung baldigst eine Besserung herbeigeführt wurde. Aufserdem mufsten auch die Zuhörer Brauns, die in den Kollegien auf die Schönheit der deutschen Sprache sowie auf die literarischen Erscheinungen aufmerksam gemacht wurden, Sammlungen von Musterstücken haben, um sich selbst weiter in der deutschen Sprache bilden zu können. Deshalb war Braun einerseits genötigt, rasch zu arbeiten, andererseits verhindert, die letzte Feile bei seinen Büchern anzulegen.

Aber noch andere Ursachen liegen der schnellen Bücherfabrikation zu Grunde. Auch später, gerade in der Zeit, aus der die pragmatische Geschichte stammt, bereicherte Braun fast jedes Jahr den Büchermarkt mit seinen Schöpfungen. Derselbe hatte also die Methode, rasch zu arbeiten, noch nicht aufgegeben. Diese Manier erklärt sich aber aus einem persönlichen Fehler Brauns. Derselbe hatte nicht die Geduld, den begonnenen Bau mit Aufwand aller Kunstmittel zu einem architektonisch schönen Ganzen zu vollenden. Während der Bauzeit beschäftigten seinen regen Geist schon wieder andere Pläne, zu deren Ausführung ihn seine Natur mächtig hinzog. Braun gehörte zu den Charakteren, die allzu geschäftig sind und deshalb ihre Schöpfungen mit Hintansetzung der feinen Durchbildung zur Ausführung bringen.

Aus diesen Gründen hat Braun schwerlich die obigen Worte niedergeschrieben. Es wäre ja höchst lächerlich, wenn er zu einer Zeit, in der er seine frühere Methode noch nicht im mindesten abgelegt hatte, eine solche Selbstanklage gegen seine schriftstellerische Thätigkeit erhoben hätte. In solcher Weise spricht niemals ein Schriftsteller über sein Wirken. Dadurch würde er ja den Wert seiner Arbeiten selbst herabwürdigen.

Ähnliche tadelnde Bemerkungen finden sich aber in dem Schriftchen noch mehr. Unter anderem wird Braun als ein unruhiger Kopf geschildert, der sich in seinen Bestrebungen für die Neuorganisation der Schulen überstürzte. So heifst es auf Seite 49, nachdem mitgeteilt ist, dafs Braun im Jahre 1777 Direktor sämtlicher bayerischer Schulen geworden sei, „nun ging es wiederum ganz munter und frisch, über und über und man sah neuen Anstalten und Schulschriften begierig entgegen, die auch richtig nachkamen."

Einer ähnlichen Bemerkung bezüglich der ihm übergebenen Mittelschulen begegnen wir auf Seite 150. „Herr Braun fing wiederum an ganz geschäftig und thätig zu werden."

Es bedarf hier keiner weiteren Beweisgründe, um darzuthun, dafs diese Sätze nicht von Braun geschrieben sind. Es liegt auf der Hand, dafs er, der von dem lebendigsten Bewufstsein getragen war, seine Reformvorschläge werden die besten Früchte bringen, seine Thätigkeit nicht mit diesen Worten charakterisierte. Dieselben sprechen ja im spöttischen, ja sogar höhnischen Tone von Brauns Übereifer und drücken somit gerade das Gegenteil von seinen Hoffnungen und Erwartungen aus.

Ebenso wenig wie die angeführten Stellen wird jemand die auf Seite 16 befindliche Mitteilung als von Braun herstammend erklären wollen. Es wird dort gesprochen von den Werken, die er studierte, bevor er an die Organisation der deutschen Schulen ging. Die Worte darüber lauten: „Das Königlich-preufsische General-Landschulreglement für die römisch-katholischen Städte und Dörfer des souveränen Herzogtums Schlesiens und der Grafschaft Glatz vom 3. November 1765 und das Berliner Realschulbuch sah man immer vor ihm liegen und nach diesem hat er „vermutlich" seine Anstaltsvorschläge entworfen und der Landesverfassung Bayerns angemessen."

Es wäre eine sonderbare Ausdrucksweise Brauns, wenn er hier das Wörtchen „vermutlich" gebrauchte. Was wollte er damit bezwecken? Doch nicht die Leser seines Buches in Zweifel setzen über die Musteranstalten, die er bei der Entwerfung seines Reformplanes vor Augen hatte. Da hätte er doch sicherlich gleich von vorne herein kein Wort gesprochen, oder wenn er das Publikum damit bekannt machen wollte, hätte er einfach den Thatbestand mitgeteilt. Es war ja ohnedies bekannt, nach welchen Mustern er seine Schulen organisierte. Dieselben wurden, wie wir wissen, ja besonders deshalb mit argem Mifstrauen betrachtet, weil ihr Vorbild von den Protestanten entnommen worden war. Aufserdem hatte der Verfasser der Beiträge zu einer Schul- und Erziehungsgeschichte, die 5 Jahre vor der pragmatischen Geschichte erschien, auf die Vorbilder aufmerksam gemacht, indem er ironisch auf Seite 139 schreibt: „Schlesien, Berlin und Hannover gaben den Ton an, oft auch die Worte her, und die Bücher stunden fertig da". Braun hätte sich durch dieses Wörtchen „vermutlich" lächerlich gemacht.

Das Wörtchen „vermutlich" läfst aufserdem einen Schlufs über die Unkenntnis des Schreibers hinsichtlich der Reformvorschläge Brauns zu. Der Verfasser, der, wie aus seinem Werke ersichtlich ist, in München gelebt und die ganze Entwicklung des Schulwesens genau beobachten konnte, mufste wissen dafs gerade deswegen die ganze Schuleinrichtung von 1770 so sehr verdächtigt wurde, weil sie ihr Vorbild bei den Protestanten hatte. Aus der Nichtberücksichtigung dieses Umstandes geht aber hervor, dafs er seine Quellen, aus denen er schöpfte, höchst oberflächlich untersucht hat, sonst hätte ihm diese einfache Thatsache nicht entgehen können. Überhaupt ist dieser Berichterstatter nicht sehr verlässig; er kündigt zwar auf dem Titelblatte an, seine Schulgeschichte sei auf echten Quellen aufgebaut, aber wir begegnen öfters Bemerkungen, die er nicht aus diesen, sondern lediglich aus Privatgesprächen mit Gesinnungsgenossen schöpfte. Solche unsichere Mitteilungen anderer gehören aber nicht in eine pragmatische Geschichte der Schulreformation. Ich will nur zwei solche Bemerkungen anführen.

Wie wir oben gezeigt haben, wurde Braun nach dem Tode Ickstatts Mitglied der zur Leitung der Universität aufgestellten Ministerialkommission und zugleich Direktor über das kurfürstliche Gymnasium zu Ingolstadt, sowie über das dort befindliche albertinische Kollegium. „Auf diese hohe Kommission, sagt der Verfasser der prag. Geschichte Seite 150, habe das Kurfürstliche Geistliche Rats-Schuldirektorium mit Querblicken gesehen und habe nicht gewufst, was daraus werden sollte, und ob nicht auch mit der Zeit das ganze Schulwesen unter dieser hohen Kommission zu stehen kommen dürfte; so viel ich aber, heifst es weiter, „weitläufig" höre, so war es schon damals im Grunde ausgemacht, dafs Herrn Braun bald die Direktion im ganzen über die Schulen, die nicht zu den 4 Fakultäten gehörten, übertragen werden sollte." Der Verfasser hätte sich hinsichtlich dieses letzten Punktes nicht aufs Hörensagen beschränken, sondern sich genauestens darüber informieren sollen.

Was aber Braun anlangt, so kann derselbe die Worte offenbar nicht geschrieben haben. Er konnte sich unmöglich so ausdrücken, er wufste ja als Kommissionsmitglied den ganzen Hergang der Abmachungen und er hätte wahrlich diesen Teil der Vereinbarungen, der geheim gehalten wurde, nicht mitgeteilt.

Auf Seite 165 wird uns von einem Plane Brauns berichtet, den der Verfasser im Privatgespräche gehört hatte, doch, wie er sagt, von „guter Hand". Hier handelt es sich um Verminderung der Gymnasien, die Braun ins Werk setzen wollte. Sein Streben soll dahin gegangen sein, die damals bestandenen Gymnasien auf 4 zu reduzieren, ferner 4 Realschulen zu schaffen, die Lyceen dagegen ganz aufzuheben.

Für unseren Zweck müssen wir den ersten Satz, der diesen betreffenden Passus einleitet, mitteilen, da jedermann daraus erkennt, dafs Braun diese Worte nicht geschrieben haben kann. „Vom Hörensagen", aber doch „von guter Hand" habe ich, dafs H. Braun ganz was anderes im Schilde geführt und die Sache soweit gebracht haben soll, dafs sie schon soviel als richtig war".

Aber noch weitere, ebenso kräftige Beweise gegen die Autorschaft Brauns sind vorhanden.

In der Abhandlung haben wir mitgeteilt, dafs Braun bei der Abstimmung über die Einführung des Fachlehrer- oder Klafslehrersystems das letztere begünstigte. Nun findet sich auf Seite 98 über Brauns Stellung zu dieser Frage folgende Bemerkung:

„Mir hing Brauns Votum selbst über den Kopf und ich kam nicht daraus, ob er es aus Politik oder wahrem Ernste gegeben hatte. Mir gefiel es immer besser, wenn man z. B. nach Gegenständen wie zu Mietau die Materien einteilen und z. B. einen Professor die Rede- und Dichtkunst, einen die Sprachkunst, einen die Glaubens- und Sittenlehre lehren liefs, als wenn jeder diese Gegenstände in allen Klassen traktieren mufs."

Diese Stelle bedarf keines weiteren Kommentars; beim Lesen derselben wird sofort klar, dafs diese Worte nicht von Braun stammen können.

Ebenso, ja noch schärfer wird das Benehmen Brauns gegen Steeb und Kohlmann, die ihn aufforderten, sich an der Herstellung der Schulbücher zu beteiligen, getadelt.

Darüber heifst es auf Seite 136: „Endlich klügelte er heraus, dafs er die Bücher nach dieser Tabelle mit Ehren nicht machen könne, denn sie wären nicht unterrichtender, als ein Komödienzettel oder Kalender, worunter nur der Unterschied sei, dafs anstatt der Personen und Heiligen da Namen von Sprachen und Disziplinen stünden." Diese Worte können doch nur von einem Anhänger der damaligen Schuldirektion geschrieben sein, der mit dem Worte „klügelte" die Unzufriedenheit Brauns mit dem eben eingeführten Gymnasialplan und dessen Sucht, darüber Aussetzungen zu machen, lächerlich machen wollte. Weiter wird man in der Ansicht, dafs der Verfasser des Buches ein Freund der Schuldirektion von 1774—1777 war, durch Bemerkungen bestärkt, mit denen er Braun, den strengen, einseitigen Vertreter des Humanismus, der in seinem Gymnasialplan (1774) die Mathematik und Naturwissenschaften ausschlofs, schwer wiegende Vorwürfe macht und die Gründe seines Verfahrens einer scharfen (harten) Kritik unterzieht.

Seite 138 heifst es darüber: „Einmal „erwischten" doch Hrn. Braun seine Gegner trefflich. Herr Braun ward noch zur Zeit in einer Schule erzogen, worin man von der Rechenkunst, der Geometrie, der Naturgeschichte und den mathematischen Anfangsgründen noch nichts wissen wollte. Er versteht also von diesen Gegenständen sehr wenig, wie viel seine Gegner davon verstehen, weifs ich nicht. Indessen liefs er in seinen Gedanken über die Erziehung, die damals eigentlich sein Plan waren, dieses ganze Fach in der „gymnasiastischen" Plantabelle aus, und heckte sich den Grundsatz aus: Was bürgerlich von diesen Gegenständen nötig wäre, das gehöre in die Realschulen; was davon scientifisch nötig wäre, gehöre in die Lyceen und die oberen philologischen Klassen. Das Gymnasium des mittleren Stockes müsse hievon frei bleiben, teils damit die Kinder nicht mit gar zu viel Gegenständen überhäuft würden und mehr Zeit hätten, auf die auctores classicos zu wenden. Man lernte diese Gegenstände in den Realschulen nicht, um sie wieder zu vergessen, praktisch könne man sich zu Hause über das Gelernte üben. Denn sonst mufste man lebenslänglich in einer öffentlichen Schule bleiben, dieser Grundsatz ist glänzend; er scheint mir aber grundfalsch zu sein, Kinder bleiben Kinder. Man mufs sie stufenweise allemal in der Übung erhalten, denn sonst vergessen sie gewifs, was sie gelernt haben. Hr. Braun mufs sich auch geschwinde begriffen haben; denn in seiner neuen Tabelle, wo er als Direktor anstund, teilte er alle diese Gegenstände fleifsig in das vierte Fach ein, und zur Besorgung derselben wählte er sich den vortrefflichen Herrn Professor Tanzer, machte ihn zum Rektor in München und nahm ihn als Vizedirektor an seine grüne Seite."

Wie ist es nur möglich, Braun für den Verfasser der pragmatischen Geschichte zu halten? Er hätte sich wahrlich recht nette Komplimente hinsichtlich seines Wissens und Standpunktes bei dem Entwerfen seines ersten Planes gemacht. Er hätte damit selbst dokumentiert, dafs er zum Reformator untauglich und in seinen Absichten unredlich gewesen wäre. Es ist wirklich unerklärlich, wie man bis jetzt das Büchlein Braun zuschreiben konnte. Schon die sonderbare Diktion mancher Stellen mufste darauf führen, dafs Braun der Autor dieses Buches unmöglich sein kann, abgesehen von einer Anzahl Verstöfse gegen die Braunsche Orthographie, die ich später berühren werde.

Was erstere anbelangt, so sei hier nur eine Stelle angeführt. Auf Seite 302 wird von einer Lesegesellschaft von Studenten gesprochen und dieselbe rühmend erwähnt. Dann heifst es: „Man sieht den Mut der guten Jünglinge aus einem Schreiben, das sie an Herrn Direktor Braun stellten, welches ich hiemit dem Leser mitteile, sowie ich es von einem ihrer Mitglieder erhielt."

Das zu wiederholtenmalen vorkommende Herr spricht gegen die Ansicht, dafs Braun der Verfasser sei, da sich nicht leicht jemand als Anonymus so ausdrückt.

Zum Schlusse will ich die bekannte Angelegenheit Westenrieders berühren, in der Braun nach der Aussage seiner Gegner eine schmähliche Rolle gespielt haben soll. Westenrieder verfafste nämlich, wie wir in der Abhandlung dargethan haben, im Jahre 1774 für die Realschule einen Katechismus, der aber von den Theologen heftig angefeindet wurde, da einerseits in demselben viele wesentliche Stücke der katholischen Religion nicht enthalten, andererseits manche Definitionen falsch aufgestellt gewesen sein sollen.

Nachdem uns der Verfasser der pragmatischen Geschichte auf Seite 86 mitgeteilt, dafs auf Veranlassung des Fürstbischofes von Chiemsee das Büchlein durch ein Edikt des Kurfürsten unterdrückt worden sei, sagt er weiter: „Herrn Braun legen seine Gegner zur Last, dafs er selbst mitgeholfen, wo nicht gar die Sache denunziert hätte. Er ist eben kein Ketzermacher, vielmehr ist er selbst am meisten verketzert und herumgeketzert worden. Dafs er ein schriftliches Gutachten abgegeben hat, das ist gewifs; er gibt aber vor, es hätte der selige Kurfürst durch den Grafen von Berchems Exzell. seine Meinung und sein Gutachten darüber abgefordert. Wenn er es aus eigenem Antrieb gethan hätte, so wäre es wohl gar nicht schön." Was, führt der Verfasser fort, thut man aber wohl manchmal nicht, wenn man in vollem Verdrufs ist? Man hatte ihn gerade vorher mit Skorpionen aus seinem Lager hinausgejagt, es möchte also wohl sein, schliefst der Anonymus sehr bezeichnend, dafs er in der Retirade Front gemacht und ein paar Kanonenschüsse auf seine Gegner in das Lager zurückgethan hätte."

Wenn Braun selbst uns darüber Mitteilung gemacht haben würde, so hätte er wohl mit aller Macht den Vorwurf der Denunziation, deren Möglichkeit von dem Verfasser doch zugegeben wird, zurückgewiesen. In welches Licht hätte sich Braun gestellt, wenn er diese Worte geschrieben hätte? Es wäre wahrlich eine sehr mifslungene Verteidigung seiner nicht zu rechtfertigenden Handlungsweise gewesen.

Hinsichtlich der Orthographie in der pragmatischen Geschichte sei bemerkt: Vielfach ist in derselben gegen die von Braun aufgestellten Grundsätze der Rechtschreiblehre gefehlt. Besonders häufig ist gegen die für den s-Laut aufgestellten Regeln gesündigt. So findet sich auf Seite 98 die Verwechslung von „ß" mit „ä" in dem Wörtchen „lies" (anstatt liefs), während in den Braunschen Büchern sich in diesem Falle überall „fs" findet und in seiner Anleitung zur deutschen Sprachkunst die Schreibung mit „fs" empfohlen wird.

Ebenso vertauscht der Verfasser „ß" mit „j", z. B. auf Seite 139 findet sich „muste". Braun schreibt dagegen stets „mufste". cfr. Anleitung Seite 428.

Auf Seite 139 der pragmatischen Geschichte findet sich nochmals diese Verwechslung in dem Worte „fleisig", obwohl Braun in seiner Anleitung Seite 136 ausdrücklich bemerkt, man müsse „Fleifs, fleifsig", nicht „Fleis" schreiben.

Auch die Vertauschung von „ff" mit „j" findet man wiederholt, so auf Seite 87 „Kanonenschüse." Braun beflifs sich hierin der richtigen Schreibung und verlangte in seiner Anleitung Seite 171, dafs man „Schufs, Schüsse" schreibe.

Endlich kommt auch noch für „fs" „ss" wiederholt vor, z. B. Seite 5 „grossen Nutzen".

Diese Beweise werden genügen, die über ein Jahrhundert von den meisten, die sich mit den bayerischen Schulverhältnissen beschäftigten, festgehaltene Ansicht, Braun sei der Verfasser der pragmatischen Geschichte, umzustofsen. Wir wenden uns nun zur Widerlegung der ebenso grundfalschen Behauptung Klessings, die pragmatische Geschichte sei von Bucher geschrieben. Dieser Herausgeber der Bucherschen Schriften mufs sich wahrlich wenig in denselben umgesehen haben, sonst hätte er unmöglich behaupten können, dafs das erwähnte Werk sowie die Beiträge zu einer Schul- und Erziehungsgeschichte in Bayern von Anton Bucher seien. Nicht einmal das letzt genannte Buch ist, wie wir in der Abhandlung zeigten, von demselben.

Vor allem ist zu berücksichten, dafs der Standpunkt der Verfasser bezüglich der Schulfragen in den beiden Schriften ein ganz verschiedener ist. Ich will nur einiges anführen, um den Kontrast in der Beurteilung von Schulangelegenheiten sofort klar zu legen.

Bezüglich der Amotion Brauns vom Direktorium der deutschen Schulen heifst es in der pragmatischen Geschichte Seite 33: „Man schien dem Hr. Braun die Ehre und das alleinige Referat zu mifsgönnen, wiewohl noch zur Zeit weder er noch ein anderer eine Besoldung seiner Mühe genofs". Dagegen heifst es hierüber in den Beiträgen Seite 161: „Er sah es als eine Prostitution an, dafs man jemand anderen als ihn gehört hatte. Er bat, man möchte ihm erlauben, dafs er sich vom Schulwesen entfernen dürfe, und was er vielleicht nicht verhoffte, das ward ihm zugestanden".

Der Verfasser der pragmatischen Geschichte nimmt hier offenbar Partei für Braun, während der Herausgeber der Beiträge Braun diese Niederlage gönnt und sich auf Seite der Gegner stellt. Überhaupt ist der Autor der prag.

Geschichte mit sehr vielen, — ich sage mit sehr vielen Handlungen Brauns einverstanden, dagegen hatte der Verfasser der Beiträge an allem, was Braun vornahm, etwas auszusetzen. Ja jede Meinung, die Braun über Schulsachen vorbrachte, suchte er zu verdächtigen.

So stempelte er Braun z. B. deshalb, weil er für das Klafslehrersystem stimmte, zu einem Freunde der Jesuiten, die auch dasselbe System beibehalten wissen wollten. Er sagt darüber: „Aber der Herr Geistliche Rat Braun hatte sich damals schon die Meinungen der Gesellschaft Jesu beigelegt und die Brüder derselben zu Freunden gemacht; er stritt also wie die Jesuiten mit aller möglichen Hitze wider diese Einteilung der Lehrer".

Wegen des Studienplanes, den Braun vorlegte, beschuldigte er ihn ebenfalls des Jesuitismus „die Gedanken von dem Erziehungswesen des Herrn Geistlichen Rats sind an sich selbst betrachtet der Plan, den er der Kommission vorgelegt hat; der Plan, den die Jesuiten, weil er im Grunde der ihrige war, mit besonderem Eifer verteidigt hatten".

Wir haben in der Abhandlung nachgewiesen, wie es kam, dafs Braun dem reinen Humanismus huldigte.

Ein anderes Urteil aber entwirft hierüber der Verfasser der pragmatischen Geschichte. Er stimmt zwar in ersterem Punkte Braun nicht bei, aber ergeht sich auch nicht in Verdächtigungen. Er berichtet die Thatsache und sagt darüber auf Seite 98: „Mir hing Brauns Votum selbst über den Kopf und ich kam nicht daraus, ob er es aus Politik oder wahrem Ernst gegeben hätte". Wären die beiden Werke von ein und derselben Person, so hätte diese in der pragmatischen Geschichte die Frage, warum Braun für das Klafslehrersystem votierte, nicht offen gelassen und später die Gründe Brauns, S. 99, mitgeteilt, den nämlich neben anderen Motiven besonders die hohen Kosten des Fachlehrersystems an grofsen Anstalten zu der erwähnten Abstimmung bewog.

Noch deutlicher erhellt unsere Behauptung aus einer anderen Stelle. Man lese in beiden Werken nur den Passus über das Verhalten Brauns in der Westenriederschen Katechismusangelegenheit.

Aus dem Bericht der Beiträge spricht grofse Leidenschaftlichkeit. Der Autor dieses Buches sucht Braun als Denunzianten hinzustellen. Dagegen erzählt der Verfasser der pragmatischen Geschichte ruhig, teilt die Mängel des Katechismus mit, bemüht sich Braun, falls derselbe aus eigenem Antrieb die Sache dem Kurfürsten berichtet haben sollte, zu verteidigen. Den Wortlaut der Stelle haben wir oben mitgeteilt. Zur Vergleichung der beiden Darstellungen etze ich die Worte aus den Beiträgen hieher:

„Kein Mensch von gesunder Philosophie wird in diesem Büchelchen etwas der Religion Nachteiliges finden. Und wer sollte es glauben? Der Herr Geistliche Rat Braun fand, dafs es schnurgerade zum Naturalismus führe — fand sich im Herzen verbunden, dieses verführerische Büchelchen den Kindern aus den Händen zu winden, schlich deswegen von einigen Exjesuiten, welche noch verschiedene Herzen in ihrer Gewalt hatten, unterstützt, bei einigen Grofsen herum, legte allenthalben seine unterthänigste Meinung mit dem Geiste des Eifers für die Religion vor, bis er einige fand, welche dem Kurfürsten davon Nachricht gaben".

Obschon aus diesen Stellen deutlich hervorgeht, dafs die beiden Werke nicht einen und denselben Verfasser haben können, so will ich noch durch einige andere Belege die Ansicht Klessings entkräftigen.

Wir haben oben gesehen, dafs der Autor der Beiträge Braun für einen Jesuitenfreund hielt. Dagegen protestierte der Verfasser der pragmatischen Geschichte im scharfen Tone mit den Worten: „Im Jahre 1778 erschienen im öffentlichen Drucke: Beiträge zu einer Schul- und Erziehungsgeschichte in Bayern, worin Hr. Braun als ein eigennütziger, ehrsüchtiger Mann und, man erstaune, als ein Jesuitenfreund geschildert wird, das doch offenbare Unwahrheit ist."

Sehr bezeichnend ist auch die Parteinahme des Beiträgesammlers für Hofmann, den Vertreter des Lautiersystems, von dem er auf Seite 158 sagt: „Hr. Hofmann hat auch geleistet, was er versprach." Dagegen spricht sich der Herausgeber der pragmatischen Geschichte nicht so apodiktisch aus, sondern begnügt sich zu schreiben: „Der Hr. Hofmann soll geleistet haben, was er versprach.

Aber aufser diesen auffallenden Unterschieden in der Beurteilung der Schulfragen findet sich in der pragmatischen Geschichte eine Bemerkung über die Fähigkeiten Buchers, die dieser gewifs auch als Anonymus nicht über sich niedergeschrieben haben wird. Die Stelle findet sich auf Seite 27 und lautet: „Es fand sich eben in München ein junger, sehr geschickter Geistlicher, Hr. Anton Bucher, der nunmehr Pfarrer in Engelbrechtmünster ist. Diesen wählte sich Hr. Braun als einen Rektor der deutschen Schulen in München und wirklich gab sich dieser sehr fähige Mann viele Mühe, besuchte die Schulen fleifsig etc. etc."

In dieser Weise schreibt gewifs kein vernünftiger Mann über sich selbst, am wenigsten Bucher, der als ein einfacher, schlichter, aber energischer Geistlicher geschildert wird.

Zu diesen Beweisen kommt noch ein anderes Moment, nämlich die Verschiedenheit der Diktion in beiden Büchern. Die pragmatische Geschichte verrät keine Spur von dem Stile Buchers. So sehr sich auch der satirische Stil, der in den Beiträgen obwaltet, dem Buchers nähert, weshalb auch von vielen dieses Buch freilich fälschlich ihm zugeschrieben wurde, so sehr entfernt sich die fast ruhige Schreibart in der pragmatischen Geschichte von dem Stile Buchers.

Mit diesen schlagenden Beweisen hoffe ich den langjährigen Irrtum bezüglich der Autorschaft der zwei wichtigsten Quellen für unsere vaterländische Unterrichtsgeschichte des vorigen Jahrhunderts beseitigt zu haben.

Inhalt:

Heinrich Brauns Reformthätigkeit.

A. Sein patriotisches Bemühen um die Hebung der deutschen Sprache.
B. Seine Elementarschulreformen.
C. Seine Mittelschulreformen.
D. Seine reformatorische Thätigkeit für die Lyceen und für die Universität Ingolstadt.

Gesamtbild Brauns und Schluſs.

Anhang:

Die pragmatische Geschichte der Schulreformation in Bayern ist weder von Heinrich Braun noch von Anton Bucher.

Material:

Akten über das bayerische Elementarschulwesen im kgl. Archivconservatorium zu München.
Akademische Briefsammlung zu München.
Akademische Abhandlungen über die Schulverhältnisse von 1764—1781.
Gottsched, deutsche Sprachkunst. Leipzig 1759.
Gottsched, ausführliche Redekunst. Leipzig 1759.
Heinrich Brauns Werke, München 1761—1793.
Die alte und neue Lehrart in den unteren Schulen Deutschlands. Strafsburg 1775.
Beiträge zu einer Schul- und Erziehungsgeschichte in Bayern 1778. (Der Verfasser dieser anonymen Schrift ist nicht B u c h e r, wie man bisher annahm.)
Heinrich Brauns Ehrenrettung gegen die Beiträge zu einer Schul- und Erziehungsgeschichte in Bayern 1778. (Der Verfasser ist nicht H e i n r i c h B r a u n, wie bisher von vielen geglaubt wurde.)
Franz Xaveri Hofmanns zu München Lesemethode. München 1781.
Mederer annales ingolst. Ing. 1782.
Pragmatische Geschichte der Schulreformation in Bayern. München 1785. (Der Verfasser ist nicht H e i n r i c h B r a u n, wie bisher angenommen wurde.)
Burgholzer, Heinrich Brauns Thatenleben und Schriften. München 1793.
Ruhkopf, Geschichte des Schul- und Erziehungswesens in Deutschland 1794.
Günthner, Geschichte der literarischen Anstalten in Bayern. München 1810.
Klessing, Buchers sämtliche Werke. München 1820.
Krieger, die Schulen in Bayern (Programm). Straubing 1852.
Kolb, Geschichte der Unterrichtsanstalten der Stadt Straubing Landshut 1858.
Heppe, Geschichte des deutschen Volksschulwesens 1856.
Raumer, Geschichte der Pädagogik. Stuttgart 1857.
Bavaria I. Bd. München 1860.
Hutter, die Hauptmomente der Schulgeschichte des alten Gymnasiums zu München 1860. (Programm.)
Hutter, die Gründung des Gymnasiums zu München 1860. (Programm.)
Kluckhohn, Freiherr von Ickstatt und das Unterrichtswesen in Bayern unter dem Kurfürsten Max Joseph. München 1869. (Festrede in der Akademie.)
Prantl, Geschichte der Ludwig-Maximilians-Universität in Ingolstadt, Landshut, München. 1872.

Bauer, Auszug aus dem Diarium gymnasii S. J. Monacensis. München 1874. (Programm.)
Kluckhohn, Beiträge zur Geschichte des Schulwesens in Bayern vom 16.—18. Jahrhundert. XII. Bd. III. Abteil. der bay. Akademie. München 1875.
Andreä, Karl Dr., Heinrich Brauns Pädagogik. Jahresbericht des Schullehrerseminars Kaiserslautern 1876/77.
Geistbeck, Mich. Dr., Geschichte der Volksschule in Bayern unter Max Josef III. 1879.
Rethwisch, der Staatsminister Freiherr von Zedlitz und Preufsens höheres Schulwesen im Zeitalter Friedrichs des Grofsen. Berlin 1881.
Krallinger, Geschichte des Landsberger Schulwesens in den letzten dreihundert Jahren. Landsberg 1883.
Daisenberger, die Volksschule der zweiten Hälfte des Mittelalters in der Diöcese Augsburg. Dillingen 1885.
Paulsen, Geschichte des gelehrten Unterrichtes auf den deutschen Schulen und Universitäten. Berlin 1885.

Braun, Geschichte der Jesuiten in Augsburg. München 1784.
Wolf, Geschichte der Jesuiten. Zürich 1791.
Cornova, die Jesuiten als Gymnasiallehrer. Prag 1804.
Lang, Geschichte der Jesuiten. Nürnberg 1819.
Zirngiebl, Studien über das Institut der Gesellschaft Jesu mit besonderer Berücksichtigung der pädagogischen Wirksamkeit dieses Ordens in Deutschland. Leipzig 1870.
Kluckhohn, die Jesuiten in Bayern mit besonderer Rücksicht auf ihre Lehrthätigkeit. München 1874.

Nikolai, Beschreibung einer Reise durch Deutschland und die Schweiz im Jahre 1781. 6 Bd. Berlin und Stettin 1785.
Rothamer, Biographie von Max III. von Bayern. München 1785.
Westenrieder, Beiträge zur vaterländischen Historie etc. etc. München 1794.
Westenrieder, Geschichte der bayerischen Akademie der Wissenschaften. München 1804—1807.
Schlosser, Geschichte des 18. Jahrhunderts. Heidelberg 1836.
Sugenheim, Bayerns Kirchen- und Volkszustände im 16. Jahrh. Giessen 1842.
Buchner, Geschichte Bayerns. München 1855.
Schreiber, Max Joseph III. München 1863.
Stieve, das kirchliche Polizeiregiment in Bayern unter Max I. 1876.
Janssen, Geschichte des deutschen Volkes, 5 Bd. Freiburg 1885.
Jahrbücher für Münchener Geschichte 1887—1889.

Finauer, Magazin für Schulen und Erziehung 1771.
Finauer, Magazin für die neueste Literatur zur Kenntnis der bayerischen Schriftsteller 1775.
Literatur des kath. Deutschlands. Coburg 1777.
Bayerische Beiträge zur schönen und nützlichen Literatur. München 1779.
Schlötzer, Briefwechsel. Göttingen 1782.
Finauer, historisch-literarisches Magazin für die Pfalz und angrenzenden Länder. München 1782.
Annalen der bayerischen Literatur 3 Bd. Nürnberg 1783.
Mayr, Generalien-Sammlung I. und II. Bd. München 1784.
Rötger, Nekrolog für Freunde deutscher Literatur. Helmstädt 1796.
Meusel, Lexikon der von 1750—1800 verstorbenen Schriftsteller.